高质量发展的保障：河北高阳县国土开发风险评估研究

GAO ZHILIANG FAZHAN DE BAOZHANG: HEBEI GAOYANG XIAN
GUOTU KAIFA FENGXIAN PINGGU YANJIU

杨常青　王　丹　李红德　任　宇
南　天　刘　阳　李祥志　卢　瑶　编著
付　宇　孙晓悦　郭记菊

图书在版编目(CIP)数据

高质量发展的保障:河北高阳县国土开发风险评估研究/杨常青等编著.—武汉:中国地质大学出版社,2024.11.—ISBN 978-7-5625-6008-1

Ⅰ.F129.922.4

中国国家版本馆CIP数据核字第2024LW8135号

高质量发展的保障:河北高阳县国土开发风险评估研究	杨常青 王 丹 李红德 等编著
责任编辑:王 敏　　　　　　选题策划:王 敏	责任校对:徐蕾蕾

出版发行:中国地质大学出版社(武汉市洪山区鲁磨路388号)	邮编:430074
电　　话:(027)67883511　　传　　真:(027)67883580	E-mail:cbb@cug.edu.cn
经　　销:全国新华书店	http://cugp.cug.edu.cn
开本:787mm×1092mm 1/16	字数:198千字　　印张:7.75
版次:2024年11月第1版	印次:2024年11月第1次印刷
印刷:湖北睿智印务有限公司	
ISBN 978-7-5625-6008-1	定价:38.00元

如有印装质量问题请与印刷厂联系调换

前 言

改革开放以来,我国经济连续20多年实现高速增长,成为世界经济发展史上的一个奇迹。随着经济步入稳步发展阶段,我国产业发展也开始从高增速到高质量转变,用"环境"换"发展"的理念已不再适应我国当前国情。十九大作为我国经济发展体系改革的重要转折点,党对我国当前生态环境建设在发展中的重要地位作出了重要指示。如何在发展中保护好我们赖以生存的国土资源是当前迫切需要落实的政策要求,而明确国土空间风险评估是实现生态文明建设的基本要求,区域国土开发风险评估则是落实这一政策的重要途径。国内目前的风险评估由于受到评估指标体系、评估方法等限制,缺乏统一的风险综合评估体系,做到精确可靠且能够定量展示区域国土风险的评估对我国当前的生态文明建设具有重要意义。

笔者以河北高阳县为研究对象,对该区域的粮食、水资源、地质灾害、生态环境及矿产资源进行了概述,并以层次分析模型框架为基础构建多风险源指标体系,根据各类风险源特点选取适宜的评估方法,包括层次分析法及灰色关联分析法,多尺度、多层次开展国土开发风险综合评估研究。书中主要内容包括粮食安全风险评估、水资源风险评估、地质灾害风险评估、生态环境风险评估和矿产资源风险评估。以层次分析法为模型框架基础对高阳县各风险群进行评估,在各项风险源评估的具体过程中结合了自然灾害指数法及非数学模型方法,在评估因子的选择上参考了敏感因子法、专家经验法,在阈值的设置上参考了专家经验法、分级赋值法和相关行业技术规范,模型计算时参考了层次分析法、模糊数学法、加权平均法,即在评估过程中综合运用多种方法对风险进行定量化研究。同时,运用案例推理技术中的灰色关联分析模型,准确计算各评估因子之间的关联度,找出对风险群影响最大的风险因子,最后结合城镇化发展、人口分布、经济社会发展、科技进步、气候变化等趋势,评估了高阳县在粮食安全、水安全、地质安全、生态保护、资源利用方面潜在的风险。同时对高阳县各区域的风险群进行了可视化输出及综合分析,能够更直观地评估该地区受灾风险较高的区域及风险因子,实现了对高阳县国土资源开发的综合性风险评估,进一步完善了区域性国土资源风险评估体系。

面对当前脆弱的生态环境,国土资源风险评估体系的完善不仅能够为研究区国土规划提供决策参考,同时也能为国土开发风险评估方法的研究提供新的思路和可借鉴的经验。随着相关政策的导向及评估体系的开发,实现对地方乃至全球范围内的土地资源开发风险进行评估将作为未来的工作重点,为人类更好地开发、利用和保护地球资源提供保障。

杨常青

2024年6月

目 录

第1章 绪 论 (1)
  1.1 研究背景和意义 (1)
  1.2 国内外研究现状 (6)
  1.3 研究内容与技术路线 (16)

第2章 高阳县自然地理环境概况 (18)
  2.1 位置交通 (18)
  2.2 地形地貌 (18)
  2.3 气象水文 (19)
  2.4 地质构造 (20)
  2.5 社会经济 (21)

第3章 高阳县国土资源概况 (23)
  3.1 农业资源 (25)
  3.2 水资源 (26)
  3.3 矿产资源 (27)
  3.4 土地资源 (27)
  3.5 生态质量 (29)

第4章 风险识别与评估方法 (31)
  4.1 主要风险群识别 (31)
  4.2 风险评估方法 (33)

第5章 粮食安全风险评估 (39)
  5.1 层次分析法 (39)
  5.2 案例式推理法 (47)

第6章 水资源风险评估 (56)
  6.1 层次分析法 (56)
  6.2 案例式推理法 (64)

第7章 地质灾害风险评估 (73)
  7.1 层次分析法 (73)
  7.2 案例式推理法 (81)

第8章 生态环境风险评估 ······(88)
8.1 关键要素分析 ······(88)
8.2 评估指标体系 ······(89)
8.3 评估方法 ······(92)
8.4 评估结果及分析 ······(93)
8.5 案例式推理法 ······(95)

第9章 矿产资源风险评估 ······(102)
9.1 地热资源概况 ······(102)
9.2 开发利用现状 ······(103)
9.3 储量计算与风险评估 ······(104)

第10章 综合评估分析 ······(108)

主要参考文献 ······(113)

第1章 绪 论

1.1 研究背景和意义

党的十九大以来,生态文明建设被纳入统筹推进"五位一体"总体布局的重要内容。作为推进生态文明建设的重要抓手,国土空间规划工作受到高度重视。2019年5月9日,《中共中央 国务院关于建立国土空间规划体系并监督实施的若干意见》(中发〔2019〕18号)确立了"多规合一"的国土空间规划体系以及实施和监督体系,体现出体系统一、权责清晰、科学高效,为从国土空间整体谋划新时代开发和保护格局提供了政策和制度保障,是国土空间规划领域划时代、具有里程碑意义的文件。进行国土空间规划和区域经济布局时,要落实主体功能区战略,科学谋划国土空间开发保护格局,有效规范空间开发秩序。《自然资源部关于全面开展国土空间规划工作的通知》(自然资发〔2019〕87号)明确了国土空间风险评估是科学编制国土空间规划的重要基础工作(孔垂锦等,2021)。

我国疆域辽阔,地大物博,但随着经济的持续快速发展和国土开发强度的不断加大,我国正面临着资源约束趋紧、生态系统退化的严峻形势。

粮食安全方面,基于《中国统计年鉴2018》和《2018年中国国土资源公报》的数据,统计出自1949年以来我国的耕地面积,尽管每个阶段耕地面积的统计方法存在差异,但是通过同一阶段耕地面积的走势可以发现,近十年来我国耕地面积一直呈现先增加后逐渐减少的趋势(侯艳丽和马俊,2019)。一方面,耕地面积逐年减少;另一方面,耕地土壤环境面临严峻形势,我国的耕地农药和化肥、重金属、畜禽粪便、废弃秸秆、大气物含量及地面沉降形势严峻。耕地质量状况有恶化的趋势,主要影响因素从工业向农业转变,工业和生活废弃物进一步向农村转移。耕地影响从"面源"向"立体"发展,问题变得越发复杂。截至2023年,我国已经开展过多项重大农业环境治理工作,但由于耕地治理还是新生事物,单方面的治理手段已经不能从根本上解决耕地治理问题(刘宇庆等,2020)。我国的人均耕地面积远远低于世界平均水平,用不足世界7%的耕地养育着世界20%的人口,人多地少是我国的基本国情。随着我国城市化进程的加快及新型城镇化的发展,人们对土地的需求日益增加。一方面,建设用地和人口增加带来的住宅需求导致对耕地的需求不断增加;另一方面,我国环境破坏、土地沙漠化的扩大,导致我国耕地面积的减少和土地质量的下降。再加上我国农业生产条件、生产力水平等原因的限制,耕地的数量和质量都面临着严峻的挑战,坚守我国耕地红线、改善耕地质量迫在眉睫(黄艳平和马松林,2018)。

水是生命之源,我国河川径流总量与世界各国比较,次于巴西、俄罗斯、加拿大、美国、印度尼西亚五国,居世界第六位。按人口平均,每人占有年径流量 2670 m³,相当于世界平均数的 1/4;按耕地平均,每亩(1 亩≈666.67 m²)占有年径流量 1800 m³,约相当于世界平均数的 2/3。但我国却是世界上用水量最多的国家。2020 年,全国用水总量 5 812.9 亿 m³。我国不仅水资源比较贫乏,而且是受气候影响情况严重的国家。随着工业化和城镇化的深入推进,人口资源环境的压力不断加大,我国水环境问题也更趋严重,该问题已成为我国社会和经济发展的制约因素。据有关方面调查,中国水资源的天然破坏严重,广大区域的天然水质低下,全国有 24% 的人在饮用水质不良的水。中华人民共和国水利部曾对我国 532 条河流进行监测,发现有 436 条河流受到不同程度的影响;七大河流流经的 15 个主要城市河段中,有 13 个河段的水质破坏严重,占 87%。人口密集地区的湖泊、水库几乎全部受到影响,湖泊受影响达到高营养化水平的已占全部湖泊总数的 63.6%。全国各大城市地下水也不同程度地受到影响。水资源的影响因素有很多种,工业影响是其中的主要因素,随着城市规模的不断扩大,排出的污水数量也不断增多,水质发生恶化,水体遭受影响,从而影响水资源的可持续利用。其次是生活垃圾引起水破坏,我国人口多,居民的生活垃圾量大,生活垃圾的再利用效率低,大部分垃圾只能堆放在土地上,这样不仅占据了大面积的土地,还会产生各种病菌,这些病菌会影响空气和地下水,进而影响环境,从而威胁饮水和农产品安全。水源质量下降也是一种原因,即农田施用化肥、农药及水土流失造成的氮、磷等元素进入水源,对水质产生影响。随着我国的环境情况不断恶化,农药所造成的水体质量下降情况也很严重,农业水源质量下降已成为水环境质量下降、湖泊富营养化的主要影响因素。农业生产中产生的化肥和农药残留物对土壤和地下水以及河流、湖泊都带来不小的危害,酸雨也在不断损坏我国的水质,使我国水质性缺水问题日益严重。2016 年,全国酸雨区面积约 69 万 km²,占国土面积的 7.2%;其中,较重酸雨区和重酸雨区面积占国土面积的比例分别为 1.0% 和 0.03%。酸雨影响区域主要分布在长江以南、云贵高原以东,包括浙江、上海、江西、福建的大部分地区,湖南中东部、广东中部、重庆南部、江苏南部和安徽南部的少部分地区(高荣伟,2018)。

地质灾害在我国频繁发生,特别是现代随着社会经济建设的高速发展,人类活动的范围、密度、强度都在逐渐增大,因人类活动而引发的地质灾害也越来越多,各种地质灾害中滑坡、崩塌、泥石流、地面变形等类型的地质灾害尤为突出。受地震、地下水活动、河流冲刷、人工切坡等因素的影响,斜坡上的土体或者岩体会沿着一定的软弱面或软弱带,整体或者分散地顺坡向下滑动,从而形成滑坡。滑坡的主要触发因素是地震及地表水的冲刷。此外,蓄水排水、开挖坡脚、乱砍滥伐等人为因素也是引起滑坡的重要原因。由于根基空虚,陡坡上被直立裂缝分割形成的岩土体容易失去稳定性,常会发生突然脱离母体向下翻滚倾倒并堆积在坡脚或者沟谷的现象,这种地质现象被称作崩塌。引起崩塌的主要人为因素有不合理的矿产资源采掘、道路工程边坡开挖、渠道和水库蓄水渗漏、堆(弃)渣填土以及其他人为造成的强烈震动等。泥石流是由降水(包括暴雨、冰川和积雪融化水)产生在山坡或者沟谷的一种挟带着大量泥沙、石块、巨砾等固体物质的特殊洪流,属于高密度的液体和固体形成的混合颗粒流。泥石流的主要成因是人类不合理的开挖、滥伐乱垦和弃土弃渣弃石等行为。地面变形包括地面塌陷、地面沉降和地裂 3 种。造成地面变形的主要原因有表面岩溶活动、不合理地大量开采地下矿产资源和大量抽取地下水等(褚加计,2012)。

第1章 绪 论

中国是一个多山之国,山地面积占全国面积的2/3。随着山区铁路的修建,沿线经济的发展,人类活动对山体环境的破坏作用未加控制,造成了不少滑坡和泥石流灾害。如铁路修建中路堑开挖或坡方加载引起的滑坡,大部分因施工开挖路堑、切割山体的堆积层或具软弱结构面的岩层而引起,其余由坡顶人工堆填土加载引起。由于坡脚开挖或在上部填土造成超载,斜坡应力和地下水状态改变,破坏原有平衡条件,使软弱结构面上剪应力超过其抗剪强度而引起坡体滑动。爆破振动也会引起滑坡,在岩体为断裂构造切割的场合,爆破振动激发斜坡岩土结构破坏,抗剪力降低,极易产生滑坡。路堑开挖改变了地下水运动条件并增大水力坡度,促使滑坡产生或复活。水库水位涨落引起水库岸边滑坡,工农业用水设施如水渠、水管的漏水及工农业与民用水的灌入等,都会改变山坡的水文地质条件,从而有可能产生滑坡。铁路建设中不合理弃渣会引起泥石流,在铁路两侧采矿、采石和筑路中大量土石不合理堆放导致和加剧泥石流暴发成灾的情况时有发生。因人为盲目弃渣而产生泥石流的作用是直接提供固体物质,这类固体物质最易遭受侵蚀或被暴雨径流冲走成灾。滥伐森林及开垦陡坡引起的泥石流在山高坡陡、地质不良的山区,由于无计划地砍伐树木、开垦农田,森林植被被破坏,增强面蚀,加速沟蚀,促进崩塌、滑坡产生,以及降雨迅速汇集成径流,造成大量的水土流失,导致泥石流暴发(姚一江,1985)。

地面沉降也是常见的地质灾害,沉降是指在建筑物荷载作用下,地基土因受到压缩引起的竖向变形或下沉。均匀沉降一般对建筑物的危害较小,但沉降过大时也会使建筑物的高程降低而影响使用。不均匀沉降对建筑物危害较大,会使建筑物产生附加应力而引起裂缝,甚至局部构件断裂,危及建筑物安全。上海是我国比较发达的城市,因其地下水被过量开采,大量高层楼宇建筑在1961—1965年间地面大幅度下沉250mm,平均每年高达50mm,后经减少地下水开采量、增加回灌量以及调节开采层等措施,地面沉降在一段时期总体上得到了较好的控制,中心城区的沉降明显逐步趋缓。但近些年,由于城市建设活动频繁,对浅层土体造成了扰动,地面沉降又开始加速发展(史玉金,2018)。贵州省是全国唯一没有平原的省份,河谷深切,沟壑纵横,岩溶发育,降雨时空分布不均,地质灾害多发、易发、频发。虽然政府做了很多积极努力,但灾害还是时有发生,严重威胁人民群众生命安全和社会经济高质量发展。据统计,"十二五"以来,贵州省人类工程活动共引发地质灾害138起,造成人员伤亡数占全部地质灾害人员伤亡数的41.5%,其中切坡建房引发62起,占比44.9%;采矿活动引发43起,占比31.2%;公路工程挖填方引发33起,占比23.9%。贵州省城乡住房大多依山而建,或开挖边坡,或"半挖半填"式修建,产生大量地质灾害隐患。如2013年8月20日,赫章县白果镇河口村老桥组因村民建房时开挖边坡形成滑坡地质灾害,造成5人死亡、2人受伤。在贵州农村公路建设三年会战、"组组通"硬化路三年大决战等攻坚行动中,全省农村公路新改建里程6万km,建成通组硬化路7.87万km。不科学的开挖和填筑等工程活动共形成不稳定边坡2283处,如2018年9月13日,德江县荆角土家族乡角口村尖山组(现为"尖山村")因农村公路改扩建,发生滑坡地质灾害,造成9栋房屋倒塌。贵州省矿产资源丰富,保有储量排名中国前十位的矿产有42种,位列第一至第三的有22种。不合理的采矿活动破坏或扰动岩体结构,易引发地质灾害,如2018年8月28日,纳雍县张家湾镇普洒社区发生崩塌地质灾害,造成35人死亡、8人受伤(刘秀伟等,2022)。

生态地理环境是由生物群落及其相关的无机环境共同组成的功能系统,或称为生态系统。在特定的生态系统演变过程中,当它发展到一定稳定阶段时,各种对立因素通过食物链的相互制约作用,使其物质循环和能量交换达到一个相对稳定的平衡状态,从而保持生态环境的稳定和平衡。如果环境负载超过了生态系统所能承受的极限,就可能导致生态系统的弱化或衰竭。人是生态系统中最积极、最活跃的因素,在人类社会的各个发展阶段,人类活动都会对生态环境产生影响。特别是近半个世纪以来,由于人口的迅猛增长和科学技术的飞速发展,人类既有空前强大的建设和创造能力,也有巨大的破坏和毁灭力量。人类活动增大了向自然索取资源的速度和规模,加剧了自然生态失衡,带来了一系列灾害。红树林是热带、亚热带海岸带海陆交错区生产能力最高的海洋生态系统之一,它是由以红树植物为主体的常绿乔木或灌木组成的湿地木本植物群落,因其特殊的生物构造,在维护生物多样性、消浪护岸、促淤造陆、净化海水等方面发挥着极为重要的作用。然而,从全球的红树林资源现状来看,形势并不乐观。东南亚是红树林遭受破坏的重灾区,印度尼西亚原有红树林 250 万 hm^2,从 20 世纪 60 年代末期开始,经过 10 年的大规模围海养殖,70 万 hm^2 红树林消失了,到了 2000 年,又有 80 万 hm^2 红树林被农田所取代。马来西亚有近 60 万 hm^2 红树林,至今已经减少了 25%,预计在未来 10 年内还会继续减少 20%。菲律宾已有 30 万 hm^2 红树林消失,至今还有 10 万 hm^2 岌岌可危。泰国的红树林从 20 世纪 50 年代至今,已经消失了一半。另外,加勒比地区的红树林现状同样令人担忧,在 20 世纪 20 年代这一地区的红树林覆盖率超过了 60%,如今只有 10%。波多黎各已有 75% 红树林彻底消失了。墨西哥为了在海湾开采石油,大量砍伐红树林,至今已有 40% 红树林消失。

我国是全球红树林生长的北缘地带,分布的范围北起浙江温州乐清湾,西到广西中越边境的北仑河口,南到海南三亚,在 19 世纪初期有 25 万 hm^2 左右,到 20 世纪 50 年代仅剩 5 万 hm^2,经过多年的修复和种植,红树林面积开始逐步回升(花冬进,2020)。草原是地球生态系统的一种,分为热带草原、温带草原等多种类型,是地球上分布最广的植被类型。我国是世界上草原资源最丰富的国家之一,草原总面积将近 4 亿 hm^2,占全国土地总面积的 40%,为现有耕地面积的 3 倍。但由于人类活动和不利的自然因素,草原面积逐渐减少。比如山东省五台县,轻度退化草原 1.98 万亩,中度退化草原 28.33 万亩。轻度退化草原,草原生产力下降,植被盖度降低,地表裸露,土壤持水力降低,生物灾害频繁发生。中度退化草原,原有的建群草种和优势草种如旱生禾草、温性禾草、长芒草、苔草等逐渐减少或衰变为次要成分,而原有的次要植物如无患子等逐渐增加,草群中优良牧草的生长发育减弱,可食草产量下降,不可食部分比重增加;不同程度地出现地面裸露,冲刷沟越来越多,土壤持水力降低,水土流失严重;生态平衡遭到破坏,生物灾害频繁发生(任素兰,2021)。

重金属是目前环境中广泛存在的典型的持久性无机影响物质,具有不易降解、易在生物体内蓄积的特性和致癌、致畸、致死等毒性效应,在一定条件下,甚至能够与某些有机物发生反应并转化成毒性更大的金属-有机复合物。重金属等物质在海洋环境中浓度累计达到一定程度后,主要被水生生物以呼吸、摄食及皮下层吸收 3 种途径进入水生生物体内,并易在动物肝肾等器官内富集,影响生物体的正常生长发育,进而对生物种群乃至整个生态系统的结构产生不可逆的破坏作用,尤其是近年来海洋生态环境恶化程度加剧,海洋生态系统平衡被打破,海洋环境状况堪忧,重金属已成为严峻的环境问题之一,而由于工业的发展,大量处理不合格甚至未经处理的废气、污水、废料被随意排放,导致生态环境中的重金属含量显著增加(彭博等,2021)。

我国是世界上最早开发利用矿产资源的国家之一。中华人民共和国成立70多年来,我国矿业取得了前所未有的大发展,逐步成为世界上第一矿业大国,矿产资源的开发利用为我国的经济振兴和社会进步做出了巨大贡献(赵晓剑等,2017)。矿业所带来的各种问题也随之而来,比如影响地下水径流、矿场废料破坏环境、矿山开采诱发地质灾害等。

在影响地下水径流方面,矿产一般都深埋于地下或藏在山体之中,其所在的位置地质结构常常较为复杂,而地质结构复杂的地方通常地下水文环境也会很复杂,采矿时,因为某些人为因素或自然因素的影响,地下水的流动会发生一些改变,从而导致整个水文地质环境产生一系列变化。矿区的矿层通常发挥着隔离水层的作用,而当矿产被逐渐开采,地下水活动的空间就越来越大,水流也变得不稳定。地下水的变化也对地表水流造成影响,没有了矿层的阻隔,地下水填充到了原本矿层的位置,一些地表河流没有了水源,流量随之减少,严重时甚至会断流(韩磊,2020)。

在矿场废料破坏环境方面,矿产开采作业是一个较为持续漫长的过程,一处矿山需要数十年的时间才能彻底将资源完全利用。在矿产开发的过程中,总是会产生一些难以处理的固体废物,有些企业为了节省成本不进行任何处理就将其随意排放掩埋,对矿场周围的环境造成了难以恢复的破坏。而采矿过程中进行的一系列钻孔、爆破、采装、运输、排土等作业,不可避免地形成大量的扬尘和诸如二氧化硫、一氧化碳等有毒气体,粉尘对人体的呼吸系统影响极大,长期作用下会引起尘肺病、慢性咽炎、支气管炎等疾病,而有毒气体则会随着大气流动,影响大气环境(李辉和高维亚,2022)。

矿山开采诱发的地质灾害主要有崩塌、泥石流和滑坡3种类型。崩塌是由于在矿山开发过程中会造成矿区的地质结构破坏,进而引发矿山表面岩层脱落、地表下沉、岩石层和软弱夹层的中间结构存在补位缺失等问题,矿区部分地段稳定性降低,成为崩塌事故多发地段。泥石流通常是由矿山开采过程中出产的废物大量影响环境而导致的,会造成矿山开采区外部沟谷纵横,丘壑连绵。在这样特殊的地理环境下,一旦发生暴雨、台风等天气,就会直接导致水流冲击泥沙从高处落下,形成特殊的洪流,也就是泥石流。泥石流通常只会发生在水土流失较为严重的区域,而且其地下的岩石层与地上的土壤层都受到了侵蚀,因此地表的植被都遭到了不同程度的破坏。一旦该区域的生态环境受到了损害,发生泥石流的可能性就会大大增加。另外,矿山开采区开采出来的土壤、废渣、碎石等物质如果大范围堆积在矿山周边,很可能会在泥石流发生的时候增大泥石流的流速,从而造成更严重的后果。矿山地区发生的泥石流灾害不但会对矿山内部的工作人员造成生命威胁,还会影响到矿山周边村镇中人们的正常生活。如果矿山开采区发生了采空区塌陷现象,那么该片区域就很有可能发生崩塌、滑坡事故。这种类型的灾害可能发生的地点范围十分广泛,无论是在露天的开采区还是深藏在井下或矿山内部的开采区都有可能会发生,只是具体的表现形式不同。露天矿物开采区的崩塌、滑坡事故主要表现为矿物带边坡滑落,而深藏在井下或矿山内部的开采区发生崩塌、滑落事故的主要表现形式是地表塌陷和崩塌,也就是采空区塌陷(翟克礼,2021)。

国土资源开发风险评估是解决国土开发利用问题的现实需要，是对国土资源开发利用给资源、环境造成的影响和损失进行量化评估的工作。其目的是反映评估区域国土开发风险总体水平、性质、等级、潜在危害及地区分异格局，为国土资源开发、生态环境保护与实施国土综合整治工程提供指导和科学依据。政府作为国土安全保障和国土开发风险管理的主体，在资源环境系统管理及国土空间规划工作中，迫切需要围绕资源可持续利用、生态安全、环境安全和社会和谐目标，按照人口资源环境相均衡、经济社会生态效益相统一的原则，对国土开发活动等予以统筹规划、合理布局，从源头上，特别是布局上避免、减缓国土开发所可能带来的风险和危害，将问题解决在萌芽阶段。在此基础上，进一步建立健全国土开发风险监督管理体制和政策体系，为促进形成人口、资源、环境相协调的国土空间开发格局，建设安全、和谐、富有竞争力和可持续发展的国土开发利用体系提供保障（侯华丽等，2013）。

高阳县隶属河北省保定市，地处华北平原，位于保定市东南部，北靠华北明珠白洋淀与雄安新区安新县交界，西与清苑区毗邻，南与蠡县、肃宁接壤，东与河间、任丘相接，总面积441km²。高阳县粮食作物以小麦、玉米为主，全县农用地共有34 060.71hm²，其中耕地面积为28 252.65hm²，占农用地总面积的82.95%。根据《2019年保定市水资源公报》，高阳县地表水供水量为495万 m³，地下水源供水量为6620万 m³，其他水源供水量为345万 m³，总供水量为7460万 m³。尽管高阳县资源较为丰富，但仍须国土开发风险评估完善可持续发展理论，达到既发展经济，又保护好人类赖以生存的大气、淡水、土地和森林等自然资源和环境，使子孙后代能够永续发展和安居乐业。

笔者以高阳县的粮食安全、水资源、地质灾害、生态环境、矿产资源等为研究对象，结合现有资料，设置合理的评估指标，采取定量和定性相结合的评估方法来分析和评估上述5种研究区域内可能遭受灾害的损失和影响，并制作风险区结果图谱（陈颖，2019），指导高阳县在国土资源开发过程中根据各乡镇具体情况，趋利避害、因势利导，支撑国土空间规划，从而有效引导和协调国土空间开发，实现资源的合理利用和环境的持续改善。

1.2 国内外研究现状

国土开发风险评估是为了正确制定国土开发与整治决策，为强化地区的整体功能服务，它是国土规划必不可少的前期工作，对国土规划的质量有着深刻的影响。目前，我国资源紧张、生态系统遭到破坏、地质灾害频发、环境影响较为严重，而国土开发风险评估是合理开发资源、规划开发方案、实现可持续发展的重要手段。

1.2.1 粮食安全风险

食为人天，农为正本。农业是基础行业之一，是人类生存的根本，也是后期生产的关键因素。农业的重要性不可忽视，它提供了人类所需的食物，为社会经济的可持续发展提供了坚实的基础。近年来，农业的快速发展使人们对农业现代化有了更高的要求。随着人口的增长和城市化进程的加速，对农产品的需求不断增加，推进农业现代化成为我国现代化建设的根本问题之一。农业现代化不仅可以提高农产品的生产效率和质量，满足人民对高品质食品的需求,还可以优化资源利用,减少农业生产对环境的负担,促进农村经济的发展和农民收入的增加。2022年中央一号文件和党的二十大报告都明确指出了农业农村现代化建设的目标。根据这些指导思想,我们要坚持农业农村优先发展,加大对农业科技创新的支持力度,推动绿色农业发展,加强农业基础设施建设,深化农村改革,促进农村经济社会全面进步。河北省作为中国的农业大省,在农业现代化方面取得了一定的成就。河北省粮食总产量连续9年超过35亿kg,多个地区入选了国家农业现代化示范区创建名单。这些成绩的取得离不开河北省政府和农业部门的关注和支持,以及广大农民的辛勤劳动。然而,河北省农业发展仍面临一些短板。首先,农业基础设施建设不完善,存在农田水利、农机装备、农产品加工等方面的不足。其次,农业农民组织化程度不高,农民缺乏有效的组织和协作机制,导致生产、销售等环节存在难题。此外,农产品质量安全问题、农业科技创新能力薄弱等也是制约河北省农业现代化发展的因素。针对河北省各地市农业现代化发展的长板与短板,有必要提出符合河北省农业现代化规律的政策方针。首先,应加大资金投入,加强农业基础设施建设和农田水利建设,提高农业生产水平和抗灾能力。其次,要加强农业科技创新,推动农业生产方式的转变,培育高效节水、耐逆性强的新品种,并大力发展符合河北省农业生产实际的新技术。同时,要加强农业农民组织化建设,鼓励农民依法组织成立农民合作社、支持农民成立农业龙头企业等,提高农业生产组织化程度,增强农民的综合素质和产业竞争力。此外,还应加强农产品质量安全管理,建立健全农产品质量追溯体系,加强监管力度,保障农产品的质量和安全。

  农业对社会经济发展的重要性不言而喻。农业现代化的发展水平直接关系到国家的粮食安全、农民收入增长、乡村振兴以及生态环境的可持续性等多个方面。现有的针对农业现代化发展水平的研究成果较为丰富,主要集中在以下几个方面:①指标构建方面。研究学者们从多个维度构建了农业现代化的指标体系。张志新和孟晓(2022)等学者从农业物质装备、科技信息、产业建设、经营管理建设、绿色发展、产出效益和农村现代化7个方面构建了指标体系。程勇(2019)在此基础上增加了农业产业结构指标,使得农业现代化的内涵更加丰富。刘云菲等(2021)进一步加入了农业经济效益、农业生产效率、农业生产基础、农业融合程度、科研创新能力等指标,使得指标体系更加完善。②研究对象层面。学者们对农业现代化的发展水平进行了多层次的研究。研究范围主要包括全国层面和省级层面。魏素豪等(2019)、辛岭和郝汉(2022)、常艳花等(2022)对中国农业现代化发展水平进行了测算研究,提供了全国层面的数据和分析结果。盖丽征(2016)则对河北省的农业现代化和绿色发展水平进行了研究,揭示了河北省由传统农业大省向现代农业强省转变的过程。杨奇峰等(2022)则对东北地区的农业现代化进行了研究。③评估方法层面。学者们采用了多种评估方法来度量农业现代化的水平。辛岭和安晓宁(2019)采用多指标综合测度法、模型法和EP神经网络法等方法对省级农业现代化水平进行了测算和评估。王翠云(2019)、Jun和Peng(2021)、刘玉洁等(2022)则利用聚类分析法对甘肃、山西和青海高原的农业现代化进行了研究和分析。黄敏等(2021)运用多指标综合评估、变异系数和制约度等方法测度长江经济带农垦农业现代化水平,揭示了其时空格局和制约因素。刘衡等(2021)运用组合赋权法测度和耦合协调度模型定量分析农业现代化和城乡融合的关系。

  粮食安全一直以来都被认为是国计民生的重要基石,对经济平稳发展、社会安定和国家安全具有不可忽视的重要意义。习近平总书记在多个场合强调了粮食安全的战略重要性,他鼓励各地区自力更生,将饭碗掌握在自己手中。为了实现这一目标,提质增效成为农业产业发展的关键,尤其是粮食作物的生产效率对产业的稳定和国家的安全有着重要影响。以高阳县所处的保定市为例,其地处中国中东部平原地区,资源丰富,是北方重要的粮食、蔬菜和果品产区之一。2019年统计数据显示,保定市粮食作物产量达到484.03万t,位居河北省第三位。但目前的粮食安全仍然存在一定风险,以受影响最主要的耕地为例,1999—2017年全国耕地总量减少了约1.14亿亩。2014年全国土壤质量下降风险总超标率为16.1%,土壤质量下降风险区达2600万亩。截至2017年,全国矿山累计损毁土地4500余万公顷,年排放废水114.8亿m^3,固体废弃物483.1亿t。全国尾矿堆存量超过63亿t,230个地级以上城市均有分布,其中"头顶库"数量众多,风险隐患大。2010—2015年,以建设用地扩张为主,共有2.6万km^2的其他土地利用类型转为建设用地;1.1万km^2的林草用地转为耕地。近10年来,耕地面积减少,亩产增加,利用效率不断提高,但优质耕地逐渐减少,与城镇建设矛盾突出。2008年以后,耕地减少的主要方式由生态退耕转变为建设侵占,2017年耕地减少459万亩,建设侵占占比83%。全国有16个省份土壤重金属含量增加。重度地区集中分布在洞庭湖水系、西藏和云南局部地区。湖南重金属含量增幅最大,土壤中镉、锌、铅、砷含量分别增加了182%、44%、38%和28%。江西、云南、辽宁土壤镉含量增幅均超过50%。西藏土壤中汞含量增幅达49%,与大规模矿业勘查及开发活动关系密切。耕地数量减少压力较大:从2015年实际保有的20.25亿亩到2030年的18.25亿亩底线。粮食作物播种面积呈下降趋势:由2016年的11.9亿hm^2减少到2018年的11.7亿hm^2。

1.2.2 水资源风险

水资源是人类赖以生存的物质基础,是一个国家或地区经济社会发展的重要自然资源。随着人类社会的发展和科技的进步,水资源已成为制约人类社会经济、生态环境可持续发展的瓶颈。我国水资源总体时空分布不均,人均水资源量不足2100m^3,仅为世界的1/3。2000年以来,全国地表水水质总体改善,但仍有10%的劣质水,集中分布在海河、淮河、辽河三大流域;全国地下水水质呈恶化趋势,目前水质较差及以上的占67%,我国地下水资源的1/3不宜作为饮用水。近30年来,除淮河区和西北诸河区外,其余八大水资源一级区水资源均存在不同程度的衰减,平均衰减率达到5%,气候变化影响占65%。我国水资源短缺,年平均缺水量400多亿立方米,2/3的城市缺水。地下水满足了京津冀平原区75%以上的水资源需求,2017年地下水超采34.7亿m^3,区域地下水位降落漏斗、地面沉降和海水入侵等环境地质问题凸显。浅层地下水局部超采严重,导致浅层地下水位快速下降,2018年,水位埋深大于20m的面积达6.14万km^2,其中埋深大于30m的面积达2.8万km^2,形成连片大型地下水位降落漏斗,漏斗中心最深水位达84.4m。深层地下水普遍严重超采,形成了总面积达7.28万km^2的"华北平原环渤海复合大漏斗",最大水位埋深位于衡水市,漏斗中心达119.4m。虽然我国的淡水资源总量高达28 000亿m^3,总量丰富,但人均水资源量低,人均水资源量低于全国平均水平的省级行政区有18个,其中8个省级行政区面临着缺水或严重缺水,4个省级行政区用水紧张,大约有4.3亿人口面临缺水,至少有3.5亿人面临严重缺水。虽然缺水现象基本上集中在我国的北方地区,但由于对水资源的不合理开发利用,水资源利用率、排放达标率和工业用水重复利用率低,以及日趋严重的用水浪费及极端气候因素造成了传统意义上不缺水的南方地区也在某种程度上出现了水资源短缺问题。气候变化和经济社会不断发展,水资源短缺风险始终存在。严峻的现实告诉我们,对水资源短缺风险的研究刻不容缓。

当谈及水资源风险时,必须考虑水资源短缺的问题。水资源短缺风险评估是建立在对水资源短缺研究的基础上的。早在2003年,裴源等(2003)提出了水资源短缺所带来的损失与自然灾害类似,例如洪灾、旱灾、风灾和雪灾(曾国熙等,2003)。水资源短缺风险的定义是在特定的时空环境条件下,由于来水和用水两方面的不确定性,区域水资源系统出现供水短缺的概率以及由此造成的损失。这意味着我们需要考虑供水和需水之间的动态平衡,以及各种不确定性因素对水资源供需之间平衡的影响。水资源短缺研究是在20世纪80年代发展起来的,而其研究方法已经从定性描述逐渐转变为定量分析。随着时间的推移,水资源短缺风险评估在水资源短缺研究的基础上得到了进一步的完善,为我们更好地理解和评估水资源短缺风险提供了理论框架。水资源短缺风险评估的过程主要包括从概念、敏感因子和性能指标出发对水资源短缺进行风险分析,随后进行风险损失评估,并最终对水资源短缺风险进行综合评估。这个评估过程涉及水资源系统的各个方面,以确定潜在的风险和可能的损失。在水资源短缺风险评估中,学者们采用了多种定量分析的数学方法,以增强评估的可操作性和准确性。这些方法可以帮助我们更好地量化各种不确定性因素对水资源供需平衡和水资源短缺风险的影响,从而提供支持科学决策的依据。

为了评估水资源风险并找到导致短缺的敏感因子,学者们采用了各种不同的方法和指标。在石羊河流域的研究中,杨志峰等(2005)运用了主成分分析和改进的灰色关联度法对水资源短缺风险进行了定量评估和筛选。他们确定了一组敏感因子,包括降雨量、跨流域调水率、水循环利用率、蒸发量、农业灌溉定额、污水处理率和地表水控制率。这些因子对石羊河流域水资源风险的评估起到了重要作用。王红瑞等(2009)采用模糊概率理论和判别分析方法对水资源短缺问题进行了分析。他们确定了水资源总量、污水排放总量、农业用水量和生活用水量等敏感因子与风险之间的关系。通过这种方法,研究人员能够定量地评估北京市水资源短缺的潜在风险。曾光建等(2021)研究了北京市2011—2012年的水资源短缺风险,并应用模糊综合评估和BP神经网络算法进行预测分析。他们使用层次分析法对风险指标进行定量筛选,最终确定了人口规模、气候条件、管理制度、水体和回收利用率等敏感因子对水资源短缺风险的贡献。另外,廖强等(2013)对北京市水资源短缺风险进行了等级评估与预测,并采用灰色关联分析方法筛选出主要的风险因子。这些因子包括降雨量、常住人口、第三产业及生活等其他用水、农业用水、工业用水和污水处理率等。同时,为了更好地量化水资源风险评估的可靠性,在过去的几十年里,学者们提出了许多水资源风险评估指标和体系,以满足不同地区和情境的需求。袁平等(2005)提出了水资源短缺风险的性能指标,包括3个方面和18个指标。阮本清等(2005)在其研究中将风险率、脆弱性、可恢复性、重现期和风险度作为评估水资源短缺风险的指标。这些指标可以帮助分析和评估水资源短缺对系统的影响程度。风险率反映了水资源短缺事件发生的频率;脆弱性表示系统面对水资源短缺的脆弱程度;可恢复性反映了系统从水资源短缺中恢复的能力;重现期衡量了水资源短缺发生的间隔时间;

风险度综合考虑了水资源短缺的严重性和影响程度。李丽娟等(2010)构建了区域尺度的水资源短缺风险评估与决策体系,包括水资源供给保障率、水资源保障可靠性、水资源利用率和水资源利用效率4个指标。这个体系通过对供给、保障和利用方面的评估,可以更全面地评估和决策区域水资源短缺问题,进而采取相应的管理措施(李九一等,2010)。许应石等(2012)构建了水资源短缺风险评估指标体系,其中包含5个状态因子和20个指标因子。这个指标体系综合考虑了水资源短缺的多个方面,可以更全面地评估水资源短缺的风险程度。这些指标因子涵盖了水资源供需平衡、水资源利用效率、水资源保护等关键领域,可用于指导管理者制定针对性的政策和措施。王宇飞等(2013)对辽宁沿海经济带水资源短缺风险进行了分析和评估。他们综合分析了水资源禀赋指标、用水量指标、水资源利用状况以及社会经济指标4个准则层,并构建了包含20个评估指标的辽宁沿海经济带水资源短缺风险评估指标体系。该研究将多个层级和多个指标结合起来,全面考虑了不同因素对水资源短缺风险的影响,为评估该地区的水资源短缺问题提供了综合的评估方法。

除此之外,模糊综合评估在水资源风险评估中的应用更为广泛。阮本清等(2005)利用模糊综合评估方法对水资源短缺风险进行了综合评估,并将其划分为5个级别。以首都圈为例,研究结果显示,2010年首都圈的水资源短缺风险处于高风险水平。这表明,首都圈地区的水资源供需矛盾较为严重,需要采取相应的管理和调控措施来减轻风险。罗军刚等(2008)提出了一种基于权重的水资源短缺风险模糊综合评估模型,并将其应用于西安市的7个地区。评估结果显示,其中3个地区的水资源短缺风险处于较高风险水平,2个地区的风险处于中等风险水平,另外2个地区的风险处于低风险水平。这为西安市的水资源管理提供了科学依据,为各地区采取有针对性的措施提供了指导。王红瑞等(2009)基于模糊概率理论建立了水资源短缺风险评估模型,用于评估水资源短缺风险的概率和缺水影响程度,研究中考虑了不同情景下的评估结果,并以北京市为例进行了评估。结果显示,2010年平水年的水资源短缺风险处于中等风险水平,而偏枯年和枯水年的风险水平较高。随着时间的推移,到了2020年,在这3种情景下,水资源短缺风险都处于高风险水平。这表明随着气候变化和社会经济发展的影响,水资源短缺风险呈逐渐加剧的趋势。此外,王宇飞等(2013)运用可变模糊识别模型结合GIS空间分析技术,对辽宁沿海经济带的6个区域进行了水资源短缺风险状况的综合评估。评估结果显示,辽宁沿海经济带的水资源短缺风险处于中等偏高的风险水平,其中盘锦和锦州处于高风险水平,丹东、营口、大连和葫芦岛处于中偏高的风险水平,这给该经济带的水资源管理和规划提供了重要参考。然而,目前的研究中多数是依靠模糊综合评判法对水资源短缺风险进行定性和定量分析,仍有待进一步提高评估模型的科学性和准确性。

1.2.3 地质灾害风险

地质灾害方面,2018年全国地面沉降严重区面积5813km^2,影响103个地级以上城市,有58个县级以上城镇位于地面沉降严重区。京津、京沪等6条高速铁路穿越严重区线路总长度89.6km。岩溶塌陷高易发区面积34.3万 km^2,41个地级以上城市和143个县(市)城镇影响严重,已建成高速铁路位于岩溶塌陷高易发区约2000km。华北平原位于严重区耕地面积9871km^2。位于地下水漏斗区耕地面积1.7万 km^2。地震7度区面积120万 km^2,主要威胁昆明、凉山、甘孜等54个地级以上城市安全。已发现地质灾害隐患点约28.6万处,共威胁1587万人的生命安全。我国强震区分布195个区县,威胁近3200万人,区内分布有49个重点开发区县。2010—2016年,强震区县人口呈增加趋势,增加了约5万人,建议加强规划引导,调整主体功能,提高设防级别。总体上,地质灾害高易发区县人口减少约122万人,但在区内分布的120个重点开发区县中,人口增加了近750万,大幅度增大了灾害风险,应强化规划源头和安全底线管控,降低地质灾害风险。近15年来,地质灾害发生数量年均下降15%,死亡人数下降14%。全国仍有502个县处于高易发区,其中有1个省级、26个地级和299个县级城市主城区直接受到地质灾害威胁。近3年拟在全国1750个集镇17万户62万人实施地质灾害搬迁避让,应科学规划选址。

地质灾害风险评估是一项重要的研究内容,旨在评估地质灾害的潜在风险,并为灾害预防和减灾提供科学依据。学者们采用了多种方法和技术进行地质灾害风险评估,主要采用梳理分析方法与地理信息系统(GIS)相结合的方法进行地质灾害评估。这种方法能够综合考虑多个因素的空间关系,包括地质、地形、水文等,并运用统计分析和空间分析技术,定量评估地质灾害的危险性和潜在风险。例如,王鹏和邓红卫(2020)结合Logistic回归模型与GIS空间分析,评估了汉江江北河段的洪涝灾害危险性。通过分析历史洪涝事件与相关环境因素之间的关系,他们建立了预测模型,并在GIS中进行空间分析,从而实现了对洪涝灾害风险的评估。罗路广等(2020)采用信息量模型和层次分析法对九寨沟地质灾害进行了评估。李冠宇等(2021)基于聚类分析法对韩城市地质灾害进行风险评估。在研究内容方面,主要分为单灾种地质灾害风险评估和多灾种地质灾害风险评估。地质灾害评估的研究内容主要分为单灾种和多灾种的风险评估。单灾种地质灾害风险评估着重于研究某一种具体的地质灾害,如滑坡、泥石流等的风险评估。学者们运用不同的方法,如层次分析法、信息熵法等,来评估地质灾害的潜在风险。例如,王磊等(2021)采用层次分析法和信息熵法,对中国四川省理县的滑坡地质灾害风险进行了评估。通过构建评估指标体系,并对每个指标进行权重分配,他们得出了滑坡地质灾害风险的综合评估结果。多灾种地质灾害风险评估为多种地质灾害因素与风险的综合评估。这种评估方法能够揭示多种地质灾害之间的相互作用和影响,从而更全面地评估地质灾害的潜在风险。例如,何宏伟等(2022)研究了中国粤北山区的泥石流风险评估。他们采用了精细化评估方法,结合GIS技术,从泥石流产生、泥石流流动和泥石流灾害扩展等方面综合分析了泥石流的潜在风险。王金婷(2021)采用信息量法评估了兴县地质灾害风险。

评估指标体系是地质灾害风险评估的重要组成部分,可从易发性、危险性、易损性和暴露性等方面构建评估指标体系。易发性指标反映了地质灾害发生的概率和频率,危险性指标反映了地质灾害的程度和影响,易损性指标反映了地区受灾物体的脆弱程度,暴露性指标反映了地质灾害作用的承受体。学者们根据研究对象和地质灾害类型的特点,构建了不同的评估指标体系,并通过定量化和定性化的方法对风险因素进行量化分析。例如,邹凤钗等(2022)通过强度过程法构建了万山区地质灾害风险评估指标体系,综合考虑了易发性、危险性和易损性等指标,这种评估体系能够更准确地评估地质灾害风险,并为灾害管理和防范提供科学依据。张以晨等(2020)从易发性、危险性和承灾体暴露性构建吉林省地质灾害风险评估指标体系。高玉欣等(2021)利用综合指数法对北京市顺义区地质灾害进行易损性评估。虽然学者们采用不同方法对不同地区地质灾害风险进行了研究,但是由于地质灾害的空间差异性,其形成条件和诱发因素均存在不同的特点,因此对不同地区地质灾害风险评估仍需建立不同的评估指标体系进行分析。

1.2.4 生态环境风险

生态环境方面,我国生物物种主要分布在西南地区,整体物种濒危程度日益加剧,人类活动及过度利用是生物多样性退化的重要原因。已经灭绝的物种72种,处于危险等级的高等植物、脊椎动物、大型真菌,分别占总数的10.9%、21.4%、1.04%。长江流域是我国水生态破坏最为严重的地区,白鳍豚已功能性灭绝,江豚也危在旦夕,中华鲟和白鲟的灭绝趋势已难以挽回。上游因无序过度的水电开发,近40%特有鱼类处于危险等级。中下游由于江湖阻隔严重,受威胁物种数量日益增加,达28种。我国也通过建立自然保护区的方法,使部分珍稀濒危野生动物种群扭转了持续减少的态势。

而随着城市化进程的深入推进,一系列生态环境问题带来的负面效应不断显现,如何评估、管控和预测生态环境风险变化趋势成为当前生态环境风险研究的热点话题(甄江红等,2019;刘长峰等,2021)。生态环境风险的定义指出,当一个种群、生态系统或整个景观的正常功能受到外界胁迫时,该系统的健康、生产力、遗传结构、经济价值和美学价值会被减小(邓飞等,2011),在这种情况下,生态系统的整体功能将受到威胁。生态环境风险评估能将定性化的风险因子转化为定量的生态灾害发生概率的评估过程。通过综合考虑社会、经济和自然等不同视角下的影响因素,生态环境风险评估能够对环境造成的负面影响进行评估、管控和预测(颜磊和许学工,2010;杜军等,2021)。生态环境风险评估的过程中需要考虑多个重要因素。首先,社会因素是评估过程中的重要考量因素之一,它包括人类社会活动的影响,例如人口增长、城市化进程、农业生产方式等。经济因素是生态环境风险评估中的重要因素之一。经济发展对资源利用、产业结构、能源消耗等方面都会产生影响,进而产生生态环境风险。评估过程中需要关注经济活动对生态系统的负面影响,以综合评估生态环境风险的程度。自然因素包括自然灾害、气候变化、生物多样性等,它们对生态系统的健康和稳定性有着直接影响。在评估过程中,需要对这些自然因素的影响进行评估和量化,以便更好地了解生态环境风险的发生概率。

目前,国内外学者对生态环境风险问题的研究主要集中在以下几个方面。

(1)风险受体和研究尺度选择。早期的生态环境风险研究主要以单一的风险受体为对象(王美娥等,2014),重点集中在物种的风险评估上(Fan et al.,2009;Tunnissen et al.,2020)。然而,生态系统具有多样且复杂的层次结构,生态风险不仅仅局限于特定的层次,而是涉及整个生态系统。因此,后续的研究逐渐拓展到流域和区域尺度(奚世军等,2019;刘希朝等,2021),从整体上对生态环境风险进行研究和评估。这种跨尺度的研究有助于全面了解生态环境风险的发生机制和影响因素,为生态环境保护和管理提供科学依据。

(2)风险源分析。生态环境风险的源头因素多样化且复杂,包括景观格局、土地利用和社会经济等多个方面。例如研究不同土地利用类型对生态环境风险的影响,从社会经济的角度探讨人类活动对生态环境风险的贡献,如人口增长、城市化进程和经济发展等因素。这些研究为生态环境风险的源头分析提供了新的视角和方法。

(3)生态环境风险评估方法探索。生态环境风险评估方法从早期的定性评估逐渐发展为定量分析方法。通过利用地理信息系统(GIS)技术(许学工等,2001)、空间分析法(康紫薇等,2020)和模糊评价法(张晓媛等,2013)等工具和方法,将抽象的生态环境风险转化为具体的数值化指标,实现对生态环境风险的定量评估。

(4)生态环境风险预警模拟。生态环境风险的预警模拟是预防生态环境风险的前提。然而,对未来风险警情及其演化趋势的研究还较为有限(范小杉等,2020)。藏淑英等(2008)尝试从土地利用类型的视角建立生态环境风险预警模型,将不同土地利用类型的风险程度纳入预警系统。李杨帆等(2017)提出了景观生态环境风险预警模型,并将其应用于景观生态安全格局的调控。李振兴等(2017)建立了城镇化动态生态风险预警指标数据库,但对于社会经济因素对生态风险的影响缺乏深入的分析。综上,尽管已有研究在生态环境风险评估上取得了丰富的成果,但仍在以下3个方面存在一些问题和挑战。

(1)现有研究在生态环境风险评估中缺乏综合性分析。目前的研究往往局限于选择特定的风险源和评估终点,无法全面考虑多维度、多风险源和多风险受体的影响。生态系统具有多样且复杂的层次结构,而生态环境风险不仅仅局限于特定的层次,需要综合考虑整个区域的生态环境风险警情。因此,未来的研究应该更加注重整体性和综合性,探索评估方法和模型,能够综合考虑不同层次、不同过程和不同风险源的风险评估。

(2)现有的评估方法在处理风险的不确定性和复杂性方面存在一定的局限性。生态环境风险评估受到多种因素的影响,包括自然条件、经济发展和城市规划等。这些因素相互联系、相互转换,导致评估过程变得复杂且具有不确定性。然而,一些传统的评估方法往往无法充分考虑这些影响因素之间的关联性和不确定性。为了更准确地评估生态风险,需要开发更为综合的方法和模型,能够处理复杂性和不确定性,并考虑多因素的综合影响。

(3)现有的研究较少涉及对未来生态风险演化趋势的预测。生态环境风险评估的目的是人为调节降低和预防灾害风险,而仅仅评估历史趋势下的生态环境风险现状无法为生态环境的保护和风险调控提供有效的参考。因此,对未来生态环境风险演化趋势的预测是非常重要的。未来的研究应该加强对未来的预测和模拟,借助先进的模型和工具,对不同影响因素在未来的变化和交互作用进行分析,以便为风险管理和决策提供有效的参考。

在我国,环境风险评估的研究起步较晚,随着社会经济的快速发展和重大环境影响事故的频发,人们对环境风险评估的重视逐渐增强。自2000年以后,我国陆续开展环境破坏地块风险评估项目,并致力于发展和完善评估技术体系。通过对不同地块的调查与评估工作,我国积累了大量的数据和经验,并不断完善和创新评估方法与技术体系。在法律法规的推动下,我国环境风险评估得到了进一步推进。生态环境部陆续发布了多项技术导则和指南,如《建设用地土壤污染风险评估技术导则》(HJ 25.3—2019)、《工业企业场地环境调查评估与修复工作指南(试行)》、《建设用地土壤环境调查评估技术指南》等。这些文件的发布逐步建立和完善了基于人体健康的土壤质量下降风险评估技术体系,并为相关行业和从业单位提供了技术指导。这不仅为从业单位在场地环境调查、风险评估、治理修复、修复环境监理、修复验收和后期管理等方面提供了指引和支持,而且这些技术的应用范围广泛,覆盖了从大型企业到中小微企业,从城市到农村的各个领域。无论是土壤质量的下降,还是水体和空气质量的恶化,这些评估技术都深入到百姓生活的方方面面,为改善环境质量提供了有力保障。它们对保护环境、评估风险和进行修复工作都起到了积极的作用。通过准确评估生态风险,我们可以更好地了解当前环境状况,为环境保护和决策制定提供准确的参考和依据。

1.2.5 矿产资源风险

研究矿产资源风险对国家安全的影响是一项重要任务,随着经济全球化,威胁国家安全的非军事因素不断增多,国家安全的内容也变得更加深化。传统的政治和军事安全已经不能全面涵盖国家安全的概念,综合安全的观念应运而生,包括经济、环境、文化、资源安全等多个方面。

矿产资源在国家安全中扮演着重要的角色,因为矿产资源是现代化军事武器的主要原材料之一,对国家军事安全具有重要影响。军事冲突中的诱因之一往往是对其矿产资源的争夺。同时,矿产资源也对社会和经济发展起着重要支撑作用。中国作为世界上最大的矿产资源消费国之一,在工业和农业领域都对矿产资源有着极高的需求,超过80%的工业原料和70%以上的农业生产资料来自矿业,矿产资源产值占国民经济总量的70%以上(王小琴等,2014)。京津冀地区是中国最重要的经济中心之一。截至2013年,该地区的矿产资源涵盖了151种探明矿种和120种查明资源储量。这些资源涉及多个领域,包括铁矿、金矿、煤矿、化工、建材等。其中,铁矿资源占比相对较高,达到14.31%,主要分布在河北省,占区域储量的97%。而随着人口的不断增长和经济的发展,国家对矿产资源的需求日益增加。矿产资源的耗竭、环境恶化和安全事故等问题变得日益严重,给国家矿产资源安全带来了巨大的挑战。资源的过度消耗和不合理开采导致了资源的枯竭,同时也加剧了环境的质量下降和破坏。安全事故如矿难和环境质量下降事件的发生,不仅威胁人民的生命安全和健康,也会引发社会不满和动荡,对国家的稳定构成威胁。

矿产资源安全评估指标是评估和衡量矿产资源安全性的重要工具,对国家经济安全和可持续发展具有重要意义。矿产资源的安全性包括矿产资源的可获得性、可接近性、可负担性和可接受性等方面。不同的学者和组织倾向于采用不同的评估指标,因为矿产资源安全性缺乏统一的标准定义(Kruyt et al.,2009)。其中,对矿产资源安全性评估最具代表性的是亚太能源研究中心(APERC)提出的"4A"指标,即Availability(可获得性)、Accessibility(可接近性)、Affordability(可负担性)和Acceptability(可接受性)。这4个指标从不同维度反映了矿产资源的特征和相关要素。其中,可获得性指标评估了矿产资源供给的稳定性和充足性;可接近性指标涉及基础设施、交通和物流等因素,影响矿产资源的获取成本和效率;可负担性指标考虑了人民群众对矿产资源的支付能力;可接受性指标则反映了社会、文化和环境因素对矿产资源的态度和接受程度。除了"4A"指标外,一些学者逐渐添加了其他层面的指标来更全面地评估矿产资源安全性。例如,Yao和Chang(2014)提出了"4-As"指标,包括资源的可获得性(availability of resources, AV)、技术的适用性(the applicability of technology, AP)、社会的接受程度(the acceptability by society, AC)和能源资源的负担能力(the affordability of energy resources, AF)。

简单的矿产资源安全评估指标通常无法覆盖矿产资源安全的各个方面,因此需要使用评估体系来提供更完整的评估结果。评估体系是由表示特定框架下的各个维度指标组成的,通过给予指标适当的权重和使用合适的聚合技术来形成综合评估结果。根据研究方法的不同,评估体系可以分为定性分析和定量分析两种方法(Yao and Chang,2014)。在构建矿产资源安全评估体系的过程中,需要对指标进行标准化、权重分配和聚合。标准化对指标进行统一的量化处理,使得不同指标的评估结果具有可比性。常用的标准化方法包括最小最大值法和参考距离法。在标准化之后需要对指标赋予不同的权重,它可以反映不同指标在整体评估中的重要程度。常用的权重分配方法包括平均权重、主成分分析、层次分析等。这些方法可以根据研究目的、专家意见和数据分析结果来确定指标的权重,以确保评估体系的准确性和公正性。聚合是将单个指标的评估结果综合起来形成整体评估结果的过程。评估体系的聚合方法主要有模糊聚类、乘积求根、加和求平均等。如 Yan 等(2016)利用压力-状态-响应(PSR)模型引入了矿产资源安全的影响要素。通过对大量的指标进行筛选和分析,他们构建了一个包含 17 个评估指标的矿产资源安全评估体系,并将其分为压力指标、状态指标和响应指标。通过层次分析法和德尔菲法给指标分配了适当的权重,以评估 2002—2012 年期间 7 种矿产资源的安全程度。综上所述,构建矿产资源安全评估体系需要综合考虑多方面因素,通过标准化、权重分配等方法,以提供全面准确的评估结果。赵晶和杨刚(2021)依托于国土空间规划背景,构建了包含 5 个评估指标和 29 个评估因子的棕地评估指标体系,通过层级分析法确定各指标的权重,通过模糊综合法对备选方案进行综合评估,应用于原芜湖钢铁厂地块再开发方向进行评估,取得了良好的效果。殷艺睿(2021)基于遵化市的自然地理、社会经济、土地利用等现状,采用潜力-约束模型选取评估指标,通过基于 DMSP-OLS 的"灰度密度-人口密度"模型计算人口密度,使用层次分析法得出指标的各自权重,对遵化市国土空间开发适宜性进行了评估,为遵化市未来国土空间发展思路提供了更加科学的可持续发展建议。张肖肖(2019)参照《省级国土规划编制要点》(国土资厅函〔2017〕1282 号),根据相关的基础理论和攀枝花市各区县的实际情况选取指标,通过熵值法确定各指标的权重,采用多因素综合评估法计算了综合分值,使用二级综合评估模型评估了攀枝花市各区县国土空间开发适宜性程度,为攀枝花市提供了合适的区域开发模式和发展模式。刘海晓(2021)构建了延吉市国土空间开发适宜性评估体系,给出了各个评估指标的分级参考阈值,用 ArcGIS 空间分析软件(Spatial Analyst)进行重分类,对延吉市的生态安全格局、生态功能、农业承载、城镇开发等方面进行评估,为延吉市各类空间的开发提供了更加科学系统的指导。曾光建等(2021)根据自然资源部《资源环境承载能力和国土空间开发适宜性评价指南(试行)》,结合新蔡县的土地资源、水资源、地质灾害、耕作和建设便利性等实际状况,建立了新蔡县国土空间开发适宜性评估指标体系,创新性地在自然因素中将土地类型作为生态保护重要性评估的重要因子,同时将区位、饮用水源保护区、蓄滞洪区等社会经济因素纳入适宜性评估指标体系,以提高区位因子在城镇建设适宜性评估中的权重,采用德尔菲法确定权重,通过三维魔方法把城镇建设适宜程度、农业生产适宜程度、生态保护重要程度作为三维魔方的 X 轴、Y 轴和 Z 轴从而对新蔡县国土空间开发适宜性进行评估,为新蔡县国土空间格局提供了技术支撑,并为同类型国土空间开发适宜性评估提供了可借鉴的经验。

1.3 研究内容与技术路线

1.3.1 研究内容

国土开发风险评估是对国土资源开发利用给资源、环境造成的影响和损失进行量化评估的工作,其目的是要反映评估区域国土开发风险总体水平、性质、等级、潜在危害及地区分异格局,为国土资源开发、生态环境保护、社会经济发展与实施国土综合整治工程提供指导和科学依据。可持续发展强调的是人口、经济、社会、资源、环境的协调发展,既要达到发展经济的目的,又要保护好人类赖以生存的大气、淡水、海洋、土地和森林等自然资源和环境,使子孙后代能够永续发展和安居乐业。区域国土开发风险评估是完善可持续发展理论、开展生态文明建设的重要途径,对于提升国土空间决策支撑能力具有重要意义,促进了可持续发展理论框架的完善。同时,国土开发风险评估是预防解决国土开发利用问题的现实需要,在国土空间规划工作中,迫切需要围绕资源可持续利用、生态安全、环境安全与社会和谐目标,按照人口资源环境相均衡、经济社会生态效益相统一的原则,对国土开发活动等予以统筹规划、合理布局,从源头上,特别是布局上避免、减缓国土开发可能带来的风险和危害,将问题解决在萌芽阶段。在此基础上,进一步建立健全国土开发风险监督管理体制和政策体系,为促进形成人口、资源、环境相协调的国土空间开发格局,建设安全、和谐、富有竞争力和可持续发展的国土提供保障。本书的侧重点在于,以区域资源环境、社会经济、自然灾害为条件,分析评判对象潜在风险。目前,国土开发风险的研究仍存在以下问题:①目前国内尚无完善的国土开发风险评估体系研究,相关研究领域主要有环境风险评估、生态环境风险评估、灾害风险评估、城市开发风险评估等。这些概念在定义时侧重点有所不同,单种风险源评估的评估对象均有所侧重,均不能全面地评估国土开发风险。②国土开发风险综合研究较少。近年来国内外学者对各类风险开展了深入的研究,但对这些风险的综合分析研究还很少,且在研究思路和方法方面还没有形成统一的认识(王尧等,2015)。③多尺度国土开发风险评估研究比较欠缺。受方法、数据等一系列条件的限制,国内的相关研究多单独以区域、区县、流域或更小的行政单位为研究单元,同时在多尺度上开展的研究相对较少。④风险评估方法多样,但操作便捷、涉及指标少的方法的评估结果往往不够可靠,而一些较为可靠的模型如系统动力学模型在模型构建过程中需要建立复杂的反馈关系,在区域的研究中其结果也存在一定的不确定性。

与此同时,高阳县国土空间开发面临的风险源主要有粮食安全风险、水资源风险、地质灾害风险、生态环境风险、矿产资源风险。粮食安全风险主要受耕地条件、粮食供给、自然灾害风险要素的影响;水资源风险主要受当地水质水量的限制,从而在工业、农业、生活方面引发风险;地质灾害风险主要由地面沉降和地缝发育引发;生态环境风险主要体现在地下水超采、洪涝、地质灾害等风险源影响,是在当地生态系统脆弱性共同作用下产生的;矿产资源风险主要表现为地热开采超负荷风险。基于此,笔者以土地资源、粮食、生态、水资源、自然灾害、社会经济等要素数据为依据,以层次分析模型框架为基础构建多风险源指标体系,根据各类风险源特点选取适宜的评估方法,从多尺度开展国土开发风险综合评估研究,可为研究区国土规划提供决策参考,同时也为国土开发风险评估方法的研究提供新的思路和可借鉴的经验。

1.3.2 技术路线

主要技术路线如图 1-1 所示。

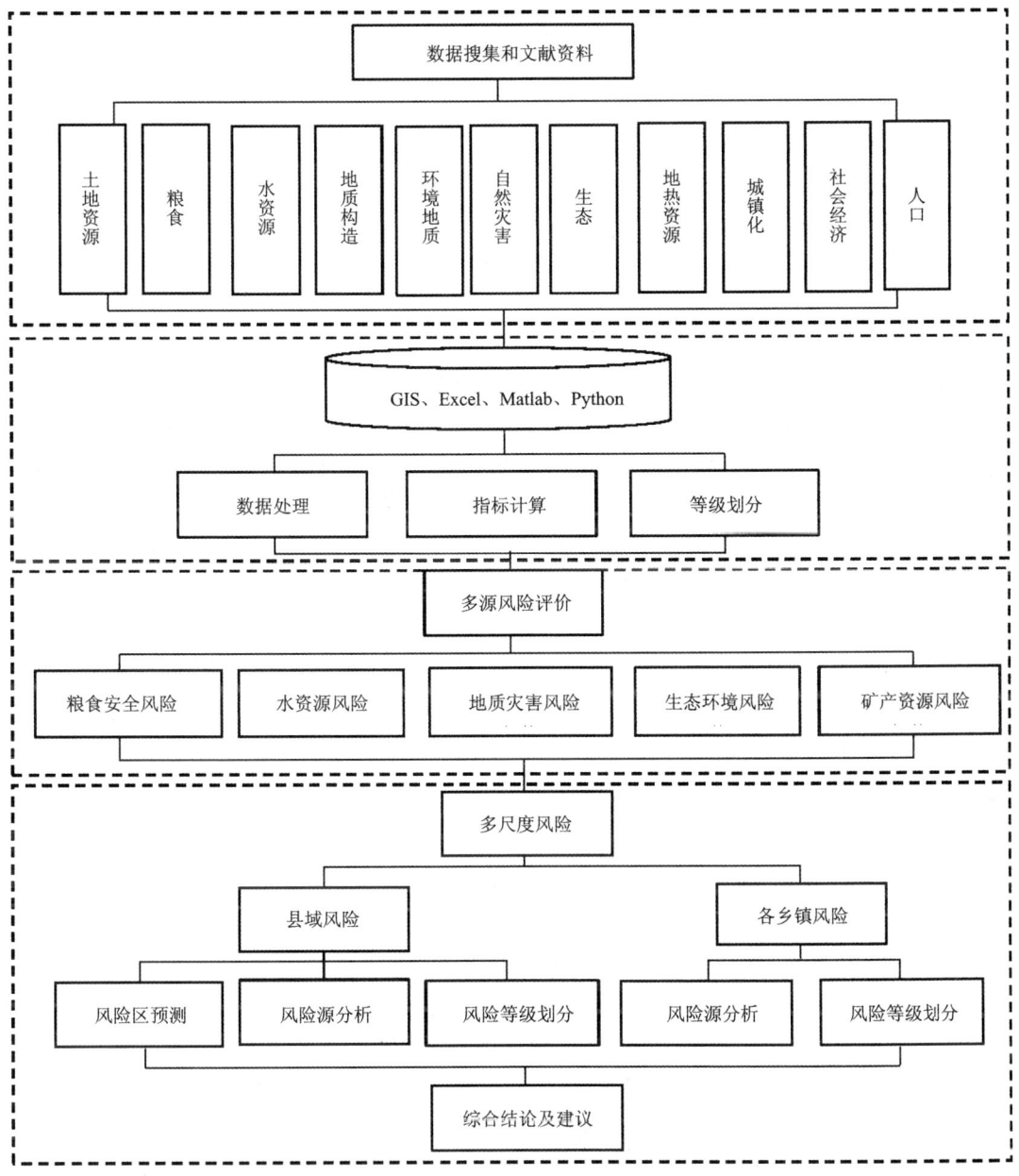

图 1-1 主要技术路线图

第 2 章　高阳县自然地理环境概况

2.1　位置交通

高阳县地处中国河北省中部,位于保定市东南部,北临雄安新区,西与清苑区交界,南与蠡县、肃宁县为邻,东与河间市、任丘市相接,地理位置十分优越。其地理坐标范围介于东经115°38′~115°58′、北纬38°31′~38°47′之间,地势呈东西走向,东西长31km,南北宽28km,土地总面积达441.44km²。高阳县下辖的县城驻地为高阳镇,距离保定市中心约35km,同时距离北京、天津、石家庄分别约150km、180km、150km,交通便捷。高阳县境内交通网络密集,京广铁路、107国道纵贯西部,位于25km处的京港澳高速公路(G4)贯穿全境,连接着京津石等重要城市。津保(南线)公路横贯全县,保(定)沧(州)公路纵贯其中,与各级县乡村道路交织成网,为客货运提供了便利条件。2007年,高阳县成功打通保定—黄骅高速公路,进一步加强了地区间的联系。同时,大广高速、保沧高速、津石高速贯穿全境,使得高阳县地理位置的区位优势得以凸显,交通四通八达。这些交通干道的贯通,为高阳县经济的发展和外部合作打下了坚实的基础。

综合而言,高阳县作为河北省中部的重要组成部分,以其优越的地理位置、便利的交通条件、丰富的自然和人文资源,展现出巨大的发展潜力。在交通基础设施不断完善的背景下,高阳县的经济、文化等各个领域有望实现更加蓬勃的发展,为地区乃至国家的繁荣做出更大的贡献。

2.2　地形地貌

高阳县地处黄淮海中北部低平原区,属于古河流洪积、冲积平原前部边缘地带。该地区的地势地貌形态丰富多样,地势平缓,没有明显的起落,整体呈现出低平开阔的特点。总体而言,西南部相对较高,东北部则相对较低,形成了一个从西南到东北逐渐倾斜的地势格局。这种地势格局使得地表的水流自然而然地汇集流动,形成了区域内的水系网络。在具体的地形变化中,高阳县的坡度平均为0.25‰~0.2‰,这意味着地表的高度变化相对较小,但足够使得水流在微弱的坡度作用下流动,进而影响地表的侵蚀和沉积过程。地面海拔高度在7~12.5m之间变化,平均海拔高度为9.8m,这个范围内的微小高差为地区内的水文循环提供了基础条件,同时也在一定程度上影响了植被的分布格局。

地层方面,高阳县地表主要出露第四系冲洪积沉积物。这些沉积物是古代河流冲击和积累的结果,在漫长的地质过程中逐渐形成了今天的地貌特点。这些地层的特性不仅影响着土壤的类型和质地,还直接影响着地表水的渗透和地下水的补给。

在地貌类型上,高阳县主要呈现出两种主要地貌类型,即二坡地和洼地。二坡地地势相对较高,形成了一系列的坡地,可能是河流在不同历史时期的冲击作用下造成的。洼地是相对低洼的地段,往往是河流在过去的冲刷和侵蚀作用下形成的,容易积水并形成湖泊或者湿地。这两种地貌类型的交错分布,为该地区的生态多样性和景观美感提供了基础。这些地理特点不仅影响着当地的自然环境和生态系统,也在一定程度上塑造了人类活动的模式和历史发展。高阳县丰富的地势地貌,是自然地理学和人文地理学研究的宝贵资源,也为当地的可持续发展提供了重要的参考依据。

2.3 气象水文

高阳县拥有独特的气象和水文条件,属于东部暖温带半干旱半潮湿季风气候区,呈现出四季分明的特点,春季多风少雨,夏季炎热雨盛,秋季风清气爽,冬季则变得寒冷干燥。当地气候受季风的影响,呈现出明显的季节性变化。春季多风少雨,气温逐渐回升,但降雨相对较少。夏季是高阳县最炎热的季节,气温较高,降雨量也较大,有盛行的潮湿季风影响。秋季天空晴朗,气温适宜,是旅游和户外活动的好时机。冬季则寒冷干燥,气温明显下降,同时伴随着较少的降水。

高阳县的年平均气温为11.9℃,这种温和的气温有利于植物的生长和农业生产。全年无霜期约为205d,为农业提供了较长的生长季节。该地区日照充足,年平均日照为2 637.8h,这为植物的光合作用和生长提供了充足的光照资源。东北风是高阳县的常年主导风向,特别是4—6月份,这个时期的大风日数较多。平均风速为2.6m/s,风速适中,有助于空气的循环和气候的稳定。冬季冻土层在高阳县的累积年平均厚度约为40cm,最厚可达68cm。这对土壤和植被有一定的影响,可能制约了某些农作物的生长。此外,降雪在冬季也可能对交通和生产活动产生一定的影响。高阳县的降水分布较为不均匀,年平均降水量为515.2mm。降水主要集中在7—8月份,占全年的76%。然而,近几年的平均降雨量仅有300mm左右,这可能意味着该地区气候呈现出变干旱的趋势。年蒸发量达到1957mm,是降水量的3.7倍,显示出较大的蒸发潜力。

高阳县属海河流域的大清河水系,其独特的水文条件对当地的生态环境和社会经济发展产生了深远影响。高阳县的地理范围内有3条重要的河流,分别是潴龙河、孝义河和小白河。潴龙河是高阳县最大的季节性河流,纵贯全县南北。潴龙河上游为沙河、磁河、孟良河,三水汇于安国市军诜村,以下称潴龙河,流经安国市、安平县、博野县、蠡县、高阳县,全长75km。在高阳县庞佐乡西团丁村至小王果庄镇闫家房子村,长23km(从蠡县刘佃庄村入高阳县境内,到高任公路注入马棚店,长19.24km),境内流域面积294km²。主河槽宽250~500m,设计流量为2300m³/s,安全泄洪量1000m³/s,坡降1/7000,主河槽深2~3m,弯曲系数1.12。由于上游王快、横山岭等水库拦截蓄水,下游白洋淀水位下降,河道一般年份干涸无水。2017年5月25日上游王快水库通过沙河灌渠—孟良河—沙河—潴龙河和沙河—潴龙河两条线路放水,经高阳县境流入白洋淀。孝义河源于定州市中古屯及大辛庄村一带,全长77km,总流域面积1260km²。在高阳县南于八村入境,南马村东注入白洋淀,长29.4km(原长31.7km,划给安新县2.3km),境内流域面积114km²。河槽宽15～20m,深3～5m。孝义河为排沥河道,设计流量95m³/s,实际排沥能力只有45m³/s,坡降1/6000。孝义河只在雨季有地表径流,其余时间主要排泄上游客水及境内污水处理厂处理后经检验达标的再生水。小白河发源于定州市、安国市交界处段家庄一带,途经安国市、安平县、博野县、蠡县、肃宁县、高阳县、任丘市,河道全长60km,总流域面积1218km²。在高阳县境内长24km,流域面积100km²,河宽25～40m,此河为排沥河道,设计流量为112m³/s,坡降1/7000,多年来无水。2015年,小白河作为引黄入冀补淀通道,经两年多建设,目前已具备通水条件;小白河系潴龙河分洪道,当潴龙河泄洪,流量超过标准洪水时,为保右堤安全在左堤蠡县陈村破堤分洪,故称陈村分洪道。分洪道左堤至南圈头村,右堤至赵堡店村,本县境内长度为10km(到赵堡店村是6.2km),汇水面积18.1km²。分洪道两堤距离1500～1900m,设计分洪流量1900m³/s,坡降1/5000。近年来少雨,潴龙河未超标行洪,故多年未分洪。这些河流所流经的区域地势起伏,自南向北贯穿整个县域,为当地的农田灌溉和生态系统提供了重要的水源。然而,这些河流均为季节性河流,流量在不同季节之间有着巨大的差异。在洪水季节,暴雨可能导致河水暴涨,形成洪水威胁,但在旱季,这些河流可能会干涸无水。这种洪枯不定的水流状况使得高阳县在洪水防控和干旱应对方面需要有针对性的水资源管理策略。

高阳县的地下水呈现出多层次、多水质的特点,并且在地理分布上自西向东递降。境内的地下水含水层主要由粉细砂、亚黏土和淤泥质亚黏土交替构成,形成了浅层承压含水组。这些含水层呈现出一定的地理特征,西南部的砂层厚而层次较少,中部和东北部的砂层薄但层次较多。这种分布特点意味着不同地区的地下水资源特点各异,需要因地制宜地进行开发和利用。高阳县的地下水呈条带状分布。底板深度在130～150m之间,甚至有部分区域最深可达170～200m。第四纪松散地层是主要的地下水储存层,地下水主要分布在这一地层中。随着地理位置的不同,地下水的埋深也会有所变化,西部地区的地下水埋深在27m左右,而中东部地区则会降至40～47m。这种分布规律使得地下水的利用也需要结合地下水位的高低来进行调整。高阳县地下水在平面上来看,从西南向东北咸水的厚度逐渐增加,西南边境是全淡水区,淡水厚度小于30m,而到了县域中部,咸水厚度则在30～50m之间,东部及东北部的咸水厚度更是达到50～80m。此外,地下水的储存特点也呈现出垂直和水平的变化。在垂直方向上,地下水富水性由下至上逐渐增强,砂层逐渐变厚,砂粒也逐渐变粗。这意味着越深的地下水越富水量,也更适合进行开采。

2.4 地质构造

高阳县坐落在太行山东麓高阳冲积平原,其丰富的地质条件及演化历史使得这片土地的地质构造得天独厚。隶属华北沉降带的二级构造单元,高阳县地质包含了固安凹陷、牛驼凸起等次一级构造,而北东向的断裂则在地下构造中呈现出错综复杂的发育状态,断裂呈北东向发育,基底埋深2000～6000m。高阳县的地质形态源于中生代以来的构造变革。在漫长的历史进程中,下降构造始终是主导因素,特别是第四纪时期,这种下降趋势更是显著。持续的下降使得高阳县不断受到大量松散沉积物的淤积,塑造了其独特的地质景观。回溯至中更新世后期,新构造运动表现出高度的活跃性,地区的下降速率显著增加,进而引发了复杂的构造活动。但随后,这种变化逐渐减缓,直至晚更新世后期,新构造运动的演化呈现出变缓的趋势。这一时期,沉积岩相经历了粗粒向细粒的转变,地貌逐渐演变为如今的平原景观。同时,受新构造运动及古气候变化的影响,高阳县经历了 3 次明显的海侵和海退事件,这种变化为近山河流沉积创造了条件,多次洪积活动形成了粗粒变细的多旋回构造。进入新生代时期,华北平原地势仍持续下降,古近系、新近系和第四系覆盖在基底之上,且这些地层的形态受基底形态的影响较大。尤其是第四系的Ⅱ~Ⅳ含水组底板,更是展现出明显的基底形态特征。

高阳县地质构造位置属于冀中凹陷·高阳县斜坡。在该县域内存在两个较大的构造带,分别是高阳断裂构造带和西柳断鼻群构造带。其中,高阳断裂构造带位于南蒲口—北沙窝—北于八一线,它从北于八南出界,沿西南-东北走向延伸,倾角在 50°~70°之间,该断裂构造带的最大断距可达 400~600m,面积约为 34km²。高阳断裂构造带在该地区的地质演化中扮演着重要的角色。它是由地壳运动导致的断裂带,沿着这一带有明显的构造变形和断裂痕迹。断裂带对地下地质构造和地层分布产生了显著的影响,对地质资源的富集和分布也有着重要的影响;西柳断鼻群构造带主要分布在西演—庞佐乡一带。该构造带主要由古近系—新近系构造群组成。断鼻的倾向主要呈东北走向。许多石油资源主要蕴藏在西柳断鼻群构造中,该构造带的存在使得高阳县成为潜在的石油勘探和开发区域。石油资源的蕴藏量和分布与西柳断鼻群构造带的特征和演化密切相关。除了以上两个主要的构造带,高阳县还存在其他地质特征和条件。该地区的地质构造和岩性组合复杂多样,在地质历史演化中,受到构造力学和岩石学的影响,形成了丰富的地质地貌特征。高阳县的地质构造以隆起、弯曲和断裂为主要特征,这些特征直接影响了地下岩层的分布和地质构造的形成。受地质构造的影响,该地区可能会出现地震、滑坡、地层沉降等地质灾害。因此,深入了解地质构造和地层条件,分析地下岩层的稳定性和岩石的物理力学性质对保证工程建设的安全和可持续发展具有重要意义。

2.5 社会经济

高阳县的行政区划结构由 1 个街道[锦华街道(原为锦华街道办)]、7 个镇[庞口镇、西演镇、邢家南镇(原为邢南镇)、小王果庄镇、晋庄镇、蒲口镇(原为蒲口乡)、庞家佐镇(原为庞佐乡)]、1 个经济开发区(高阳经济开发区)组成。截至 2018 年末,高阳县的人口规模达到 42.31 万人,其中城镇人口为 17.13 万人,占总人口的 40.49%。这个数字显示了高阳县的城镇化率发展状况,也说明了该地区的人口结构和城市发展的情况。

根据高阳县统计局的数据和 2019 年的政府工作报告,2018 年全县的生产总值为 1 127 808 万元。与上一年相比,按可比价格计算,生产总值增长了 7.0%。在经济结构上,高阳县一、二、三产业的比例为 5.87:54.75:39.38。其中,工业增加值达到了 665 495 万元。这意味着高阳县的经济更加多元化,3 个产业之间的平衡发展为该地区的整体经济稳定奠定了基础。工业增加值的增长也反映了高阳县工业领域的积极进展。2018年,高阳县在经济和社会发展方面也取得了一系列显著的成就,其地区生产总值增长了9%,规模以上工业增加值增长了10%,固定资产投资增长了8.2%,社会消费品零售总额增长了12%。所有这些指标都表明了高阳县的经济发展整体平稳且趋于良好。从财政收入的角度来看,2018年全县的财政收入达到了11.5亿元,同比增长了3.7%。其中,一般公共预算收入完成了6.6亿元。这些数字反映了高阳县政府财政收入的状况和发展态势。财政收入的增长为高阳县的基础设施建设和社会事业发展提供了良好的支持。另外,数据显示,高阳县2018年的城镇居民人均可支配收入为27 902元,同比增长了8.8%。农村居民人均可支配收入为18 220元,同比增长了9.2%。这些数据反映出高阳县居民收入水平的提高,也反映出经济发展对居民生活水平的积极影响。

高阳县经济呈现总体平稳、稳中有进、稳中向好的积极态势。经济结构趋于均衡,工业增加值稳步增长。地区生产总值、工业增加值、固定资产投资、社会消费品零售总额等指标都有不同程度的增长,展示了该地区经济的活力和潜力。财政收入的增长和居民收入的提高进一步促进了经济与社会的健康发展。这些都为高阳县未来的发展奠定了良好的基础,也为该地区的居民带来了更好的生活条件。

第 3 章 高阳县国土资源概况

国土是生态文明建设的重要载体。随着人口增长和经济发展，土地资源的合理利用和保护成为刻不容缓的问题。党的十八大将生态文明建设放在突出地位，将"优化国土空间开发格局"确定为推进生态文明建设的重要手段和途径。这表明土地在生态文明建设中的重要性不容忽视。此外，国土开发风险评估区划对贯彻落实生态文明战略和解决国土开发中的突出矛盾问题具有重要的战略意义与现实意义。国土开发风险评估区划作为一项基础性工作，旨在评估和划定国土开发中存在的潜在风险，为决策者提供科学依据，避免因过度开发而引发生态破坏和资源浪费。通过风险评估区划，可以合理规划土地利用，优化国土空间开发格局，实现经济发展与生态保护的良性循环。

国土资源规划在国家发展中起着重要的作用。国土资源规划的重要性在 20 世纪 80 年代初得到明确，中央书记处第九十七次会议首次提出了国土整治和国土规划的问题，并作出了"搞好我国的国土整治"的决定。随后，1982—1984 年期间，我国开展了多个区域性国土规划试点，如京津唐、湖北宜昌和吉林松花湖等地。1987 年颁布的《国土规划编制办法》明确了国土规划的定义和编制程序，指出国土规划是根据国家发展战略和规划区的条件制定的国土开发整治方案。在国土规划工作早期，规划人员由于缺乏相关理论方法的指导，政府部门需要通过试点和实践经验的积累，开始对国土规划的特点、性质、理论方法及其与其他规划的关系展开研究进行总结性的文章发表。这些研究不仅丰富了国土规划理论，也为实践提供了指导。然而，在 20 世纪 90 年代，随着中国经济体制的转型，国土规划的职能由中华人民共和国国家计划委员会转移给国土资源部，规划编制工作出现了停滞，国土规划工作进入了低谷。幸运的是，到了 21 世纪初，国家在天津、辽宁、广东、福建等地开展了省级国土规划试点，开启了新一轮国土规划编制工作。与此同时，学者们针对新一轮国土规划提出了编制思路、问题与对策、理论体系等构想和建议，为国土规划的顺利进行提供了理论支持。其中，2010 年发布的《全国主体功能区规划（2011—2020 年）》对国土空间开发格局进行了优化，并为国土规划提供了新的研究方向。这一规划通过主体功能区战略和制度优化，使国土空间开发更加有序和高效。另外，2014 年全国 28 个市县开展了"多规合一"试点，将不同的规划融合为统一的国土空间规划，同时探索完善市县空间规划体系和建立相关规划衔接协调机制。试点的目的是推进国家治理体系和治理能力现代化，形成统一的国土空间规划体系。2019 年印发的《中共中央 国务院关于建立国土空间规划体系并监督实施的若干意见》（中发〔2019〕18 号，简称《若干意见》）提出了进一步的发展方向。《若干意见》将主体功能区规划、土地利用规划、城乡规划等空间规划融合为统一的国土空间规划，实现了"多规合一"的目标。此外，《若干意见》还强调国土规划对各项规划的指导约束作用,赋予了国土规划新的含义,使其发挥出更大的作用。

与国土开发风险评估相关的研究领域主要包括环境风险评估、生态风险评估和灾害风险评估等。然而,在区域整体和宏观发展的角度上,对多风险源、多受体和区域国土开发风险评估与区划的研究相对较少。因此,有必要进一步探索和深化这一领域的研究,完善评估方法和指标体系,提高评估的准确性和科学性。具体到研究内容和方法上,区域国土开发风险评估的概念、内涵、目的、必要性和紧迫性是关键问题。在概念上,需要明确国土开发风险评估的定义和范畴,界定评估的对象与范围。在内涵上,需要充分考虑风险的多源性、多层次性和动态性,综合考虑自然因素、社会因素和经济因素的影响。在目的上,评估的目的应既包括风险防范和监测,又包括合理规划和决策支持。在必要性和紧迫性上,国土开发风险评估应该成为国土空间规划和政策制定的重要依据,为可持续发展提供科学支撑。此外,为了更好地开展国土开发风险评估区划,需要构建适用的概念和方法模型,这包括综合评估指标体系的建立、评估方法的选择和模型的构建等方面。评估指标体系要能够全面、准确地反映国土开发中的风险问题,涵盖自然、社会和经济等多个方面的因素。评估方法的选择要基于科学性和可操作性,既能适应不同地区和尺度的评估需求,又能提供具体的评估结果和决策建议。模型的构建要考虑风险评估的动态性和灵活性,能够应对不确定性和可持续性的要求。

通过深入的研究和探索,建立科学的概念和方法模型,我们可以更好地理解国土资源的价值和意义,为可持续发展提供指导和支持,而国土开发风险评估可以作为国家开展可持续发展和生态文明建设的战略方针。

从理论上看,国土开发风险评估是完善可持续发展理论和生态文明建设的重要途径。可持续发展强调协调人口、经济、社会、资源和环境的发展,旨在实现经济的长期增长和社会的长期稳定。国土开发风险评估进一步关注人类活动对可持续发展的影响,强调自然-经济-社会复合系统的功能和过程的安全性。通过对国土开发过程中可能引发的各种风险进行评估,可以准确识别和评估潜在风险,为决策者提供科学依据,从而更好地协调各种发展要素,实现可持续发展的目标。这种评估深化了资源环境承载力评估在时间尺度和组织尺度上的研究,有助于提升决策支持能力,完善可持续发展理论框架。

从实践上看,国土开发风险评估具有紧迫性。近年来,我国面临着资源约束加剧、严重的环境质量下降和生态系统退化等严峻形势,这给国土开发活动提出了巨大的挑战。作为国土安全保障和国土开发风险管理的主体,政府需要根据资源可持续利用、生态安全、环境安全与社会和谐等目标,统筹规划和合理布局国土开发活动。通过对各种风险因素进行评估,政府可以从源头和布局上避免或减缓可能带来的风险和危害,确保国土资源的可持续利用和人与自然的和谐共存。此外,还需建立健全国土开发风险监督管理体制和政策体系,加强对国土开发活动的监测和评估,及时调整和优化国土开发格局,以促进人口、资源、环境相协调的国土空间开发,建设安全、和谐、富有竞争力和可持续发展的国土。综上所述,国土开发风险评估在理论上具有完善可持续发展理论和生态文明建设的重要作用,有助于深化对国土资源利用效率与环境保护平衡的研究,提升决策支持能力,完善可持续发展理论框架。同时,在实践中,国土开发风险评估有助于根据资源约束和环境压力,进行国土开发规划和布局,减轻风险和危害,实现资源的可持续利用和人与自然的和谐发展。因此,国土开发风险评估的重要性不容忽视,需要政府、相关部门和研究机构加强相关研究和实践,提升国土开发决策的科学性和可行性,推动我国可持续发展和生态文明建设。

保定市高阳县是河北省重要的农业和工业基地之一。高阳县拥有丰富的土地资源,包括农田、林地、草地、水域等。农田是高阳县最主要的土地资源类型。高阳县拥有广阔的平原和丘陵地带,土地肥沃,适宜农作物的种植,主要农作物包括小麦、玉米、大豆、蔬菜等。高阳县实施了秸秆还田、良种工程和水土保持等农业技术措施,积极推动农业转型升级,提高农田的产量和可持续发展能力。高阳县还拥有大片的林地资源,这些林地主要分布在山区和丘陵地带,包括天然森林和人工林。林地不仅是重要的生态屏障,还提供了丰富的木材、竹材等林产品。同时,林地还能够改善生态环境,保护水源和水土资源,防止水土流失和滑坡等自然灾害的发生。高阳县的草地资源也十分丰富。草地主要分布在丘陵和山地区域,包括天然草甸和人工草地。草地不仅提供了丰富的牧草资源,支撑着高阳县的畜牧业发展,还是生态平衡的重要组成部分。草地能够保持土壤水分,防止水土流失,同时还能够提供栖息地和食物来源给各类动物。高阳县还拥有众多水域资源,包括湖泊、河流和水库。这些水域资源不仅提供了丰富的淡水资源,还是渔业和水产养殖的重要场所。高阳县的水域资源还承担着调蓄水源、农田灌溉和生态环境维护等重要功能,在水资源管理和保护中起着关键作用。

为了更好地优化国土空间开发格局,高阳县采取了一系列措施和政策。其中包括制定土地利用总体规划,明确不同区域的功能定位和开发限制;建立健全土地使用权和产权保护制度,保障土地资源的合理利用和持续发展;加强生态环境保护,建设生态示范区和重点保护区,促进生态文明建设。在国土开发风险评估区划方面,高阳县也进行了积极的探索和实践。利用遥感技术、地理信息系统等先进技术手段,对土地资源的地质、水文、气象等方面进行全面评估,识别出潜在的自然和人为风险因素。在此基础上,制定出科学合理的国土开发规划,避免和减少不利影响,保障国土资源的可持续利用。高阳县目前的国土资源现状主要表现在以下 5 个方面。

3.1 农业资源

高阳县 2018 年粮食作物播种面积 68.6 万亩,比上年下降 0.8%,全县全年粮食总产量 26.26 万 t,同比增长 0.6%;全年保有茶园面积 30 万亩,蚕茧产量 8448t,同比增长 15.7%;全年出栏肉猪 45.7 万头,同比增长 19.6%;家禽出栏 409.7 万只,同比增长 5.0%。全年肉类总产量 4.36 万 t,同比增长 20%,其中猪肉产量 3.43 万 t,同比增长 28%。全年禽蛋产量 4092t,同比下降 1.7%。2018 年,全县实现农林牧渔业总产值 38.86 亿元,其中农业总产值 18.23 亿元,林业产值 2.54 亿元,畜牧业产值 16.01 亿元,渔业产值 1.11 亿元,农林牧渔服务业产值 0.97 亿元。实现农林牧渔业增加值 23.04 亿元(其中:农业增加值 12.43 亿元,林业增加值 1.9 亿元,畜牧业增加值 7.43 亿元,渔业增加值 0.75 亿元,农林牧渔服务业增加值 0.53 亿元)。2018 年末,全县农业机械总动力 23 万 kW,比上年增长 12.2%,农田有效灌溉面积 25 640hm^2。当年完成造林面积 1 827hm^2,年末全县森林面积 64 227hm^2,森林覆盖率为 48.6%。

3.2 水资源

高阳县位于北方干旱半干旱区,受气候和地形的影响,水资源相对匮乏。然而,通过南水北调工程保沧干渠,高阳县的水资源得到了一定的补充。保沧干渠位于高阳县境内,全长21.75km,可供水量为1800万 m^3。这条渠道为高阳县的农田灌溉、生活用水等提供了重要的水源。根据2006年的《保定市第二次水资源评估报告》,高阳县拥有丰富的地下水和地表水资源。其中地下水有水位下降期、水位回升期和相对稳定期。水位下降期一般出现在4—6月,4月开始浇灌,6—7月水位降到年最低,10—11月由于降水量减少,以及11月末冬小麦冬灌,地下水位下降,水位下降幅度一般在1~6m之间。水位回升期一般出现在7—9月,受雨季降水入渗补给影响,水位上升,至8月底或9月初水位达到年最高值。水位回升幅度一般为1~6m。相对稳定期一般出现在10月以后到翌年2月底或3月初,该时段水位升降变化幅度一般较小,地下水位基本保持稳定状态。水位变化趋势符合工农业联合取水造成的地下水动态变化规律。由于高阳县地下水开发利用程度较高,人为活动成为影响地下水动态变化的重要因素,地下水动态变化特征呈现降水入渗-开采排泄型。年内地下水动态变化较为明显,每年自5月开始,受到周边农业灌溉的影响及工业用水的增加,地下水位急剧下降,下降期水位下降幅度一般为2.5~4.0m,该趋势一般会持续一段时间,农业灌溉用水停止开采,地下水得到补充,水位不断升高,至每年的12月到次年的4月,水位达到年内最高水位。水资源可供水量少,而工农业需水量却逐年增大,地下水得不到及时的补充。用水结构不合理,农业用水所占比重过大而效益较低。

浅层地下水资源量为4980万 m^3/a,深层地下水资源量为477.1万 m^3/a。此外,多年平均水资源量为5258万 m^3/a,其中浅层地下水资源量为4980万 m^3/a,地表水资源量为549亿 m^3/a,地下水与地表水重复量为271万 m^3/a。根据《2018年保定市水资源公报》,高阳县的水资源供应量不断升高,其中,地表水供水量为495万 m^3,地下水供水量为6620万 m^3,其他水源供水量为345万 m^3,总供水量为7460万 m^3。我们可以整个保定市的水资源情况作为高阳县用水量的一个参考。据2018年的数据,保定市的地表水资源量为9.75亿 m^3,地下水资源量为20.13亿 m^3,总水资源量为22.42亿 m^3。高阳县目前地下水超采严重,属典型资源型缺水地区,超量开采地下水,使得浅层地下水位逐年递减,造成总用水量的40%左右靠超采深层地下水维持。同时,水资源利用效率低,浪费现象严重。在水资源严重短缺的情况下,水资源利用效率也较低。用水结构不合理,农业为用水大户,2018年农业用水量占总用水量的75.9%。但是高阳县农村水利设施仍比较脆弱,灌溉渠道渗漏损失问题严重,节水灌溉措施有待加快实施,水资源利用效率有待提高。部分行业水的重复利用率较低,造成水资源的浪费。生活用水浪费现象严重。居民生活供水管道老化、水龙头滴漏等问题普遍存在,尤其是农村生活耗水严重。

了解水资源状况对高阳县的水资源管理和利用至关重要。在水资源稀缺的条件下,高阳县需要合理利用现有的水资源,加强节水措施,提高用水效率。水资源的科学开发和管理是确保农业、工业和居民生活可持续发展的关键。推动水资源的合理配置和保护,实现可持续用水,是高阳县在水资源管理方面面临的重要任务之一。

3.3 矿产资源

高阳县地形以平原为主。在这片土地上蕴含着丰富的矿产资源,其中主要包括地热资源和石油。

地热资源是高阳县的重要矿产之一。高阳县在地质构造上位于冀中坳陷$Ⅲ_2^{12}$之高阳台凸($Ⅳ_2^{41}$)和饶阳断凹($Ⅳ_2^{42}$)的构造单元。新近系明化镇孔隙热储顶板埋深400~600m,明化镇组热储富水性较好,单井涌水量为50~70m^3/h,最大可达100m^3/h,井口水温42~58℃。新近系馆陶组孔隙热储顶界埋深一般为1400~1700m,热储中部温度为47.1~74.93℃。该热储层富水性较好,涌水量一般为25~60m^3/h。基岩热储具有开发利用价值的热储层主要为蓟县系雾迷山组岩溶裂隙热储层。热储顶板埋深变化较大,在高阳县城及以西区域,该热储层顶界埋深在3500m以内,在县城以东区域大于3500m,西演镇以东(即县域东部县界区域)顶界埋深超过5000m,热储厚比为30%,岩溶裂隙率为3.3%。热储岩性主要为白云岩、泥质白云岩及含燧石条带白云岩。目前3眼深3200~3555m的地热井自流,井口温度95~110℃。

经初步评估,高阳县地热资源量3399.5×10^{16}J,地热流体储量54 704.34×$10^6 m^3$,地热流体可开采量2 224.34×$10^6 m^3$,可采地热流体可利用资源量30.72×10^{16}J。按开采100a计算,地热流体年可开采量为2 224.34×$10^4 m^3$。根据保定市的统计数据,保定市地热田的分布面积约为3700km^2,地热储量估计为22 006.22×10^{16}J。高阳县境内地热资源非常丰富,地热井的井口水温高达82°,这使得高阳县被誉为"华北地热之冠"。地热资源在高阳县埋藏深度较大,水温高,压力强,水质优良。目前,高阳县已有48眼地热井,主要分布在县城及城郊地区。其中,45眼地热井正在使用。这些地热资源主要用于供暖和洗浴等,供暖面积约为80万km^2。

另一种重要的矿产资源是石油。高阳县境内的石油资源十分丰富,年产石油量大约为25万t。石油主要分布在县城周围、西演镇和庞佐乡等地区。这些油田的埋深在2400~2700m之间。高阳县的石油储量巨大,已经探明的石油储量超过千万吨。丰富的地热资源和石油给高阳县带来了重要的经济收益和发展机遇。地热资源的利用也为县域的供暖和洗浴等领域提供了可靠的能源供应,改善了人们的生活条件。同时,石油的开采和生产不仅提供了大量就业机会,还为国家能源安全和供给提供了重要支持。

矿产资源的开采和利用需要注意环境保护与可持续发展的问题。高阳县在开展矿产资源开发过程中应加强环境保护,采取科学的开采技术和控制措施,以减少对生态环境的影响,并确保资源的可持续利用。

3.4 土地资源

高阳县的土地利用总面积为44 144.32hm^2。具体来说,根据目前土地利用现状,农林用地面积为34 060.71hm^2,占全县土地总面积的77.16%,农林用地是高阳县土地利用的主要部分,占据了绝大部分的土地面积。农林用地的存在对高阳县的农业生产和森林资源开发利用具有重要意义。农林用地将用于农田耕种、果园种植、林木生长等农业和林业活动,对保障粮食安全和生态环境具有重要作用;建设用地面积为 9 231.35hm²,占全县土地总面积的20.91%,建设用地的增加反映了高阳县经济和城市化进程的发展。这些土地将用于城镇建设、工业用地、住宅区等建设项目。随着人口增长和经济发展的需要,建设用地的需求也在不断增加;自然保护与保留地面积为852.26hm²,占全县土地总面积的1.93%。这些土地主要用于保护自然生态环境、风景名胜和野生动植物的栖息地,具有重要的生态保育价值。高阳县的自然保护与保留地的存在是为了维护生物多样性、保护珍稀濒危物种及保持生态平衡等。以下是各土地类型的详细数据。

1. 农用地

高阳县是一个农业比较发达的地区,农用地资源占据了该县土地总面积的大部分。高阳县农用地总面积为 34 060.71hm²。其中,耕地面积为 28 252.65hm²,占农用地总面积的82.95%。耕地是农业生产的基础,对粮食安全和农业发展至关重要。耕地面积相对较大,为农民提供了广阔的种植空间,支持了高阳县农业的发展。在耕地上,农民可以进行粮食作物、经济作物和其他农产品的种植,在满足本地需求的同时,也为农业产业化和农产品出口提供了支持;园地面积为433.09hm²,占农用地总面积的1.27%。园地主要用于果树、蔬菜等特定农作物的种植。园地的存在促进了高阳县农业的多样化,丰富了农产品品种,提供了更多的就业机会和经济收入来源。园地的发展也有助于农业产业结构的升级和农民收入的提高;林地面积为 3 605.36hm²,占农用地总面积的10.59%。林地主要用于森林资源的保护和木材生产。林地的存在对维护生态平衡、保护水源和土壤的健康具有重要意义。此外,林地不仅提供了木材、竹子等供采集,而且支持了这些产品的加工利用,为木材产业和相关产业的发展提供了资源支持;其他农用地面积为 1 769.61hm²,占农用地总面积的5.20%。其他农用地包括农田水利设施、农村道路、农田建设用地等,这些农用地的存在为农民提供了良好的农田灌溉条件和农村交通便利,促进了农业生产和农村发展。

总体而言,高阳县的农用地资源较为丰富,具有较高的农业发展水平,然而,面对日益增长的人口和资源压力,高阳县需要注重农业的可持续发展和土地资源的合理利用。加强土地管理和保护,推进农业现代化,提高农业生产的效益和可持续性,是高阳县农用地资源管理的重要举措。此外,科学合理规划农业产业结构,加强农业技术创新和农民培训,提高农业生产水平和农民收入,也是高阳县农业发展的关键所在。

2. 建设用地

高阳县的建设用地总面积为 9 231.35hm²。其中,城乡建设用地面积为 8 197.92hm²,占建设用地总面积的88.81%。城乡建设用地主要用于城市和乡村建设、工业区、商业区、住宅区等。这些用地主要支持城市化进程和经济社会发展,提供人们生活、工作和商业活动的场所。城乡建设用地的面积较大,反映高阳县的城市化和工业化水平相对较高;交通水利及其他建设用地面积为 1 033.43hm²,占建设用地总面积的11.19%。这部分用地主要用于交通运输、水利设施、公共设施和其他建设项目。交通水利建设用地包括道路、桥梁、铁路、港口、码头等交通设施,为人们的出行和货物运输提供了基础设施支持。水利设施用地包括水库、河流整治、灌溉系统等,为农田灌溉和水资源管理提供了保障;其他建设用地涵盖了公共设施建设、工业园区、旅游景区、教育设施等。这些建设用地对提升生活质量、促进经济发展和社会服务至关重要。

高阳县的建设用地资源在支撑城市化和经济发展方面起到重要的作用。城乡建设用地为城市和乡村的发展提供了必要的空间,也有助于推动地区人口集中和城市优化布局。交通水利及其他建设用地则为交通运输、水利设施和公共设施等基础设施建设提供了支持,提高了基础设施的完善程度和服务水平。然而,在建设用地开发和利用过程中,也需要关注生态环境保护和土地资源的可持续利用。合理规划土地利用,确保建设用地与生态环境的协调发展,是保障可持续发展的重要举措。同时,应加强土地管理和监管,防止乱占乱用建设用地,避免资源浪费和环境破坏。还需要细化规划,注重交通网络的建设与环境保护的协同发展,在提高交通运输效率的同时保护生态环境。

3. 自然保护与保留地

高阳县的自然保护与保留地面积共852.26hm^2。其中,湿地面积为3.76hm^2,占自然保护与保留地面积的0.44%。湿地是一种特殊的生态系统,对维护生物多样性、调节水文循环和净化水质等具有重要作用。保护湿地能够维护生态系统的完整性,保持生态平衡,有利于保护珍稀濒危物种的栖息地。

除湿地外,高阳县还有其他自然保留地,面积为413.51hm^2,占自然保护与保留地总面积的48.52%。这些自然保留地主要用于保护重要的自然景观、生态系统和野生动植物资源。自然景观如山岳、森林、草原和湖泊等,是独特的自然遗产,具有重要的生态、科学、文化和旅游价值。生态系统包括含有丰富物种多样性的自然生态区域,它们提供了许多生态服务,如土壤保持、水源涵养、气候调节等。野生动植物资源的保护不仅维护了生物多样性,还有助于保护珍稀濒危物种,维持生态平衡。高阳县的自然保护与保留地中,陆地水域占据重要的比例,面积为434.99hm^2,占自然保护与保留地总面积的51.04%。陆地水域包括湖泊、河流等水域及其周边地带。这些水域是生态系统重要的组成部分,不仅为水生生物提供栖息地,也为当地居民提供了丰富的水资源和生态服务。保护陆地水域有助于维护水域生态系统的健康与稳定,保持水环境的清洁和生物多样性。在保护和利用自然保护与保留地用地资源时,高阳县需要制定科学合理的管理措施。加强自然资源保护的监测与评估,制定相应的保护规划和政策,确保保护措施的有效实施。此外,还需要加大宣传教育的力度,提高居民和公众对自然保护与保留地的认识及保护自然与保留地的意识,促进环保理念的普及和落实。

3.5 生态质量

1. 大气

根据2018年的数据,河北省的大气质量较以往有所改善。其中$PM_{2.5}$(细颗粒物)的平均

浓度为 $56\mu g/m^3$,较前一年下降了 14%。空气质量综合指数(AQI)为 6.26,较前一年下降了 12%。全省的平均优良天数为 208d,增加了 6d。平均较重不良天数为 17d,减少了 12d,然而,在高阳县的一些地区仍存在较为严重的空气不良问题。高阳县 2018 年空气质量数据显示,在该县的空气质量方面,优良天数为 169d。轻度空气不良天数为 117d,中度空气不良天数为 44d,重度空气不良天数为 25d,严重空气不良天数为 4d。与 2017 年相比,严重空气不良天数下降了 60%;$PM_{2.5}$平均浓度为 $64\mu g/m^3$,较前一年下降了 15.79%。综合指数为 7.14,较前一年下降了 7.03%。

2. 水环境质量

在高阳县,主要河道孝义河和潴龙河的水质不符合国家Ⅴ级标准,属于较差的水质等级。地下水的水质达到了国家Ⅲ级标准,因此高阳县需要加强对河道水质的保护和治理工作,以改善当地的水环境状况。此外,根据 2018 年的南水北调用水取样结果分析,高阳县所使用的南水北调水水质指标均符合国家标准。

为了改善高阳县的水环境质量,应该加强水资源保护和管理,加大对河道质量的治理力度,控制农业和工业废水的排放,加强水环境监测和评估工作,并制定相应的水资源保护和治理政策。

第4章 风险识别与评估方法

4.1 主要风险群识别

风险识别又称风险辨识,是指通过对大量来源可靠的信息资料进行系统了解和分析,找出风险所在和引起风险的主要因素,并对其后果做出定性的估计。风险识别是风险评估的基础,直接决定了风险防控的目标。所有能够影响高阳县的风险群都应被纳入风险识别体系中。本次工作通过对高阳县水利、地震、气象、农业、环境等部门资料中的数据进行筛选、统计和分析,识别影响高阳县国土空间开发的风险群共计五大类。

高阳县国土空间开发面临的风险群主要有粮食安全风险、水资源风险、地质灾害风险、生态环境风险、矿产资源风险。粮食安全风险主要受耕地条件、粮食供给、自然灾害风险要素的影响;水资源风险主要受到当地水质水量的限制,从而在工业、农业、生活方面引发风险;地质灾害风险主要由地面沉降和地缝发育引发;生态环境风险主要体现在地下水超采、洪涝、地质灾害等风险源影响,是在当地生态系统脆弱性共同作用下产生的;矿产资源风险主要表现为地热开采超负荷风险。

4.1.1 粮食安全风险

1. 耕地条件

《河北省主体功能区规划》中高阳县为限制开发区域(农产品主产区),2011—2020年全县确保建成高标准农田33万亩,2018年全县建成高标准农田20万亩,占耕地总面积的48.1%,已建成高标准农田可以有效保障本县的粮食安全,但是还未完成上级下达的任务,需要进一步加快高标准农田建设速度。

2. 土壤质量下降

根据国家土壤环境质量标准的定义,高阳县的土壤环境质量呈四级分布,部分西北部土壤被归为安全土壤,但已存在一定程度的质量下降。土壤质量下降可能会影响农产品的质量和产量,从而对粮食安全构成潜在威胁。为应对这一问题,高阳县需要加强土壤质量下降监测和治理,采取科学合理的农业生产措施,以减缓土壤质量下降,保障粮食的质量和安全。

3. 自然灾害

高阳县境内自古多灾,自然灾害频繁发生,灾害类型涵盖了旱涝、风雹、蝗虫等。历史资料显示,1841—1990年,大涝17次,大旱16次,年均旱涝灾害发生率高达22%;1949—1990年,雹灾18次,年均发生率达44%,8级以上大风更是年均发生20次。这些自然灾害对农作物的生长和粮食产量造成了严重威胁。为了应对自然灾害,高阳县需要建立健全灾害监测预警系统,加强农业保险和应急救援体系,以减轻灾害对粮食生产的影响。

4.1.2 水资源风险

1. 地下水超采

保定平原区浅层地下水超采量为4.65亿m^3/a,超采区域主要包括保定市清苑区、徐水区、高阳县、蠡县、博野县、雄县、安国市等,其中超采最严重的为高阳县。2005—2015年数据显示,高阳县地下水年超采量在1700~7000m^3之间,地下水超采严重。高阳县浅层地下水一般超采区包括龙化乡、晋庄乡;浅层地下水严重超采区包括浦口乡、高阳镇、西演镇、庞口镇、邢南镇、庞佐乡、小王果庄镇;深层地下水一般超采区包括高阳镇、邢南镇、浦口乡、龙化乡、小王果庄镇;深层地下水严重超采区包括庞口镇、西演镇、庞佐乡。

2. 地下水质量下降

高阳县境内西北部局部浅层地下水重度质量下降及轻度质量下降,中西部局部深层地下水轻度质量下降。境内有造纸、印染、石化、土木工程建筑、制药等企业,产生的废水直接或间接地排放在河流内,且工业废水中的主要质量下降物为酚、氰化物、铬、砷、硫化物、铅、石油类及COD等,平均处理率较低。在农业方面,由于化肥和农药的使用,部分有害物质随着灌溉水及大气降水流入地下水中,也会造成地下水质量下降。

4.1.3 地质灾害风险

1. 地面沉降

高阳县为保定市严重沉降区。由于高阳县地下水超采严重,浅层水和深层水产生了规模不等的地下水位降落漏斗,区域地下水位下降、地下水漏斗的存在导致地面沉降较为严重。2012—2017年累计沉降约320mm。

2. 地裂缝

高阳县地裂缝主要分布于区域南部的西演镇和庞佐乡,主要为地下水超采型地裂缝,由于长期超采地下水,浅层水和深层水产生了规模不等的地下水位降落漏斗,区域地下水位下降、地下水漏斗的存在导致地面沉降,地下水位下降导致含水层颗粒有效应力增大,含水层颗粒之间的孔隙压密。另外,含水层和黏性土层在地下分布并非等厚和连续,导致压缩的不一致和不连续。因此,差异沉降和土层的不连续性导致了地表土层的拉裂或错开,产生地裂缝灾害。

4.1.4 生态环境风险

生态环境风险评估旨在评估区域的生态系统服务功能和生态系统的敏感性。它的主要目的是识别区域内生态系统服务功能相对重要、生态敏感或脆弱程度较高的地区。通过定量和定性的方法，生态环境风险评估可以评估区域的生态环境质量，并为决策者提供科学依据以制定相关保护和管理措施。

评估范围是生态环境风险评估的重要考虑因素。不同的区域具有不同的自然条件和生态问题，因此在进行评估之前，需要对评估区域的生态系统状况和生态问题进行充分的分析。通过分析评估区域的主导生态系统服务功能和关键生态问题，可以更准确地评估和理解区域的生态环境状况。

评估指标是生态环境风险评估的关键组成部分。评估指标应根据评估区域的特点与需求进行选择和确定。在不同的地区，可以根据其特定的环境和生态挑战来确定相应的评估指标。例如，在干旱半干旱地区，防风固沙功能和土地沙化问题可能是重要的评估指标；在喀斯特地区，石漠化问题可能是重要的评估指标；在滨海地区，生物多样性维护、海岸防护功能和海岸侵蚀等问题可能是重要的评估指标。评估指标的选择应综合考虑评估区域的特点和所需的信息。

在评估尺度方面，省级和市县尺度的评估具有不同的重点与目标。在省级尺度评估中，需要将省级评估结果与全国评估结果衔接。对于全国评估结果中生态系统服务功能重要性与生态敏感性高等级的区域，在省级评估中应保持为高等级。这样可以确保省级评估结果与全国评估结果保持一致。

在市县尺度评估中，通常直接使用省级生态评估结果作为参考，然而可以根据更高精度的数据和地方实际情况进行校核和局部修正。此外，对于有生态系统服务功能和生态敏感性以外的地区，可以根据市县对高品质生态空间的需求，开展适当的补充评估。

截至 2018 年末，高阳县森林蓄积量为 0.003 5 亿 m^3；新增国土空间生态修复面积为 0，高阳县河道生态破坏严重（潴龙河为季节性河流，河道常年干涸，农民在河道内进行了种植），亟须修复。

5. 矿产资源风险

高阳县境内的主要矿藏包括石油和地热。其中，地热资源丰富，地热井井口水温达 82℃，并且地热资源储量大，目前高阳县城周边钻探了 48 眼地热井，主要用于供暖、洗浴、养殖业，供暖面积达 80 万 m^2。但是由于开采布局不合理，缺少尾水回灌设施，导致水压（水位）下降、水量减少等地热资源衰减现象。

4.2 风险评估方法

4.2.1 层次分析法

层次分析法（analytic hierarchy process，AHP）是在深入分析事物的特征、影响因素及其内在联系的基础上,构建一个层次结构模型,利用较少的定量信息将思维过程量化,为求解复杂事物提供便捷的决策方法,该方法最大的特点是提出了层次结构,这不但可以描述评估对象的层次属性,还能够对各影响因素的相对重要性和相互联系进行考量,因此本次工作对高阳县各风险群评估以层次分析法为模型框架基础,在各项风险源评估的具体过程中结合了自然灾害指数法及非数学模型方法,在评估因子的选择上参考了敏感因子法、专家经验法,在阈值的设置上参考了专家经验法、分级赋值法和相关行业技术规范,模型计算时参考了层次分析法、模糊数学法、加权平均法,即在评估过程中综合运用多种方法。AHP 具体评估步骤如下。

1. 建立层次结构

根据决策问题的性质和既定目标,把塌陷风险问题分为危险性和易损性两大要素,按各要素的隶属关系和内在联系将要素分成若干条件组,不同组的层次之间互不相交。由于致塌因素具有确定的属性,所以在影响因子的选择中使用敏感因子标准判断,进而完成因子层构建。该层次结构最上层为目标层,中间层为一到多层条件层,最低层为影响因子层。条件层每一层次元素对其直属的下层元素起支配作用,形成了自上而下逐层支配的层次结构。

2. 构成判断矩阵

建立层次结构后,就需要根据专家经验法和模糊判断对每层中隶属于上一层相同准则的各个要素两两之间的相对重要性所做出的判断,用数值的形式将这些判断结果表示出来,构成判断矩阵,便于本层次各要素之间相对重要性的比较。设 A 中的元素 A_k 与下一层 B 层中的元素 B_1、B_2、$\cdots$、B_n 有关系,则可以通过判断矩阵表示出来(表 4-1),其中 B_{ij} 为 B 层中第 i 个元素对于第 j 个元素的相对重要性。利用 Satty 提出的 1~9 标度方法对不同因子间的相对重要性进行打分,不同重要程度分别赋予不同的分值(表 4-2),B_{ij} 的取值一般为 1~9 之间的正整数及其倒数。

若矩阵具有如下性质:①$B_{ij}>0$;②$B_{ij}=1/B_{ji}(i\neq j)$;③$B_{ij}=1(i=1,2,\cdots,n)$。则把这类矩阵称为正反矩阵,对于正反矩阵,若对任意的 i、j、k 均有 $B_{ij}*B_{jk}=B_{ik}$,则把这类矩阵称为一致矩阵。

表 4-1 判断矩阵的形式

A_k	B_i			B_j		
	B_1	B_2	B_3	$\cdots$	B_n
B_1	B_{11}	B_{12}	B_{13}	$\cdots$	B_{1n}
B_2	B_{21}	B_{22}	B_{23}	$\cdots$	B_{2n}
$\cdots$	$\cdots$	$\cdots$	$\cdots$	$\cdots$	$\cdots$
B_n	B_{n1}	B_{n2}	B_{n3}	$\cdots$	B_{nn}

表 4-2　判断矩阵 B_{ij} 元素的 1～9 标度方法

标度	含义
1	两元素相比较,两者同样重要
3	两元素相比较,一个相对另一个稍微重要
5	两元素相比较,一个相对另一个明显重要
7	两元素相比较,一个相对另一个非常重要
9	两元素相比较,一个相对另一个极其重要
2、4、6、8	介于上面两个相邻判断值的中间
倒数	若 i 与 j 相比较的判断为 B_{ij},则 j 与 i 比较的判断值就为 $1/B_{ij}$

3. 计算权向量并做一致性检查

运用线性代数知识,计算判断矩阵最大特征根及对应特征向量,然后引用一致性指标、随机一致性指标和一致性比率做一致性检验。一致性指标(CI)的计算式为

$$CI = \frac{\lambda_{\max} - n}{n-1} = \frac{-\sum_{i \neq \max} \lambda_i}{n-1} \tag{4-1}$$

其中,当 $CI < 0$ 时,判断矩阵错误,应当重新赋值;当 $CI = 0$ 时,判断矩阵完全一致;当 $CI > 0$ 时,CI 越大,判断矩阵不一致性越大,CI 越小,判断矩阵一致性越好。$\lambda_{\max}$ 是最大的特征值,代表最大特征向量对应的方差大小;n 是变量的总数或特征的数量;λ_i 是对应于第 i 个特征的特征值;$\sum$ 是求和符号,用于对所有非最大特征值的特征值进行求和。

为了衡量 CI 的大小,引入随机性一致性指标 RI,方法是随机构造 200 个成对比矩阵,计算式为

$$RI = \frac{CI_1 + CI_2 + \cdots CI_{200}}{200} = \frac{\frac{\lambda_1 + \lambda_2 + \cdots \lambda_{200}}{200} - n}{n-1} \tag{4-2}$$

结果如表 4-3 所示。

表 4-3　随机一致性指标(RI)

N	1	2	3	4	5	6	7	8
RI	0.00	0.00	0.52	0.89	1.12	1.26	1.36	1.41
N	9	10	11	12	13	14	15	
RI	1.46	1.49	1.52	1.54	1.56	1.58	1.59	

一致性比率(CR)计算式为

$$CR = \frac{CI}{RI} \tag{4-3}$$

判断标准为:$CR<0.1$,判断矩阵有很好的一致性,判断合理;$CR=0.1$,判断矩阵有较好的一致性,判断较合理;$CR>0.1$,判断矩阵不符合一致性原则,需调整到满意为止。

4.2.2 案例式推理法

4.2.2.1 案例式推理技术原理

案例推理是一种基于类人思维模式的人工智能技术,其最早由 Schank 于 1982 年在他的著作 *Dynamic Memory* 中首次提出。这种技术模仿了人类面对新问题时的思维方式,即在遇到新的难以解决的问题时,通过回想过去类似的案例,从中获取解决问题的思路和方法以求得新问题的解。这种过程与人类的经验积累和知识应用紧密相关,因此案例推理作为一种强大的问题解决方法被广泛应用于各行各业。案例推理的发展与人工智能和机器学习领域的进步密切相关。它通过构建和更新案例库来解决问题。案例库是一个存储着各种已解决问题案例的数据库,其中包含了问题描述、解决方法和案例之间的关联性等相关内容。通过不断将新的案例加入案例库中并与现有案例进行比较,系统可以更好地解决不断变化的问题。

在案例推理中,理想情况是寻找与目标案例完全匹配的案例,但这种完全匹配往往难以实现。因此,常见的做法是寻找与目标案例高度关联的案例,然后通过整理和修正,得出适合目标案例的解决方案。关联度的计算通常涉及问题描述的相似性、解决方法的适用性等因素。案例推理技术在知识获取方面也具有更显著的优势。与传统的知识获取方法不同,它不需要事先收集大量的知识,而是从已有的案例中提取经验和解决方法。这种方式避免了知识获取的瓶颈,使系统能够在较短的时间内获得实际问题解决所需的知识。因此,案例基础推理(case-based reasoning,CBR)在处理复杂问题时能够提高解决效率,尤其是在知识稀缺的情况下。

案例推理虽然是模仿人类思维方式的一种技术,但它又高于人类的认知。它能够模拟人类通过回忆类似经验来解决问题的过程,系统根据相似的案例提供解决方案,仿佛在模仿人类在类似情境中的思考方式。同时,案例推理技术也能够整合不同情况下的知识,将各种解决方案整合到案例库中。这为用户在面对相同问题时提供了多样化的选择,使其能够做出更科学的决策。

4.2.2.2 案例式推理基本模型与步骤

案例式推理法将遇到的新问题视为目标案例,而已经发生的案例则被看作历史案例。为了解决新问题,通常采用由 Aamodt 和 Plaza 在 1994 年提出的"4R"模型来描述案例推理的循环过程。这个模型包括以下 4 个步骤。

1. 案例检索

案例检索在案例式推理技术中具有核心地位。它是一种从案例库中检索相似历史案例的技术,能够为解决新问题提供有价值的参考和启示。首先,在案例检索阶段,关键技术包括了案例属性的确定、案例权重计算和案例关联度计算方法。其中案例属性的选择是关键,这涉及选取合适的属性和特征来描述案例。其次,通过为不同属性赋予适当的权重,案例权重计算有助于突出重要属性。最重要的是,案例关联度计算方法能够度量历史案例与目标案例之间的相似度,从而有效地找到相关案例。这些技术的目的在于提高案例检索的精准度,从而为解决新问题提供准确的参考。通过有效的案例检索,可以从类似的历史案例中获取宝贵的经验和见解,从而解决当前问题。

1)案例属性的确定

案例属性确定的主要目的是在保持研究深度的前提下,通过减少研究对象的属性数量,选取适合研究区的属性子集,从而简化复杂的情境并提高研究效率。在过去的研究中,人们已经在这一领域达到了较高水平,学者们提出了各种各样的方法。根据目前的研究现状,案例属性的确定可以分为两大类:无监督属性确定和有监督属性确定。在无监督属性确定中,研究人员在没有样本分类的情况下进行属性的选取。这种方法适用于数据缺乏明确标签的情况,能够有效地减少主观偏见。而有监督属性确定则利用数学函数或模型来统计不同类别与属性之间的关系,从而有针对性地选择属性。对于本书的数据情况,所获取的数据并不包含样本的类别信息,这给属性确定带来了一定的困难,因此,笔者选择了无监督属性确定方法,具体而言就是基于群体语言评估信息的属性确定方法。通过这种方法可以综合考虑数据的各个方面,避免过度依赖单一指标,从而更加全面地确定案例的属性。

2)案例权重计算

案例权重计算是为了在面对人类信息获取和处理的局限性时,能够准确评估案例的贡献程度而进行的一项关键过程。由于不同属性值可能以多种信息形式存在,包括清晰符号、区间数、随机变量、文本和模糊语言变量,为了进行权重计算,需要将这些信息形式转化为统一的清晰数表示。

在权重计算过程中,有3类主要的属性权重确定方法:第一类为主观权重法,主观方法基于专家经验和主观判断,包括专家打分法和层次分析法。这些方法受个体主观认识的影响较大,因此计算结果可能难以被广泛接受。第二类为客观权重法,客观权重法通过数学模型来计算属性权重,例如熵权法。虽然这些方法减少了主观影响,但往往忽视了评估指标的经济意义,可能导致权重分配不够精确。第三类为主客观结合法,该方法试图综合利用主观和客观因素,其中模糊层次分析法就是一种典型代表。这种方法能够结合专家的主观判断和数学计算,得出更加科学且准确的权重计算结果,从而在一定程度上弥补了主客观方法各自的缺点。鉴于本书的案例和数据,选择使用模糊层次分析法来计算属性的权重。通过该方法,可以在考虑了主观因素和客观数学计算的基础上,更准确地量化不同属性对案例的权重,从而为风险评估和决策提供更可靠的依据。

3)案例关联度计算

案例关联度计算旨在衡量目标案例与历史案例之间的相似程度。在这一计算过程中,常用的方法包括归纳推理策略法、最近相邻策略法和灰色关联分析法等。归纳推理策略法将历史案例组织成决策树的形式,并采用判别树搜索策略,以便寻找与目标案例最为相似的历史案例。最近相邻策略法则将案例的属性视作空间中的点,通过计算目标与案例之间的距离,迅速找到与目标案例匹配最佳的历史案例。另一种常用方法是灰色关联分析法,它是一种衡量指标间关联程度的手段。该方法基于参数之间的相似程度,来判定它们之间的联系密切程度。高同步变化率代表着高关联度,低同步变化率则表示较低关联度。在众多方法中,灰色关联分析法因其适应信息不完备、属性众多的特点而备受青睐。与其他方法不同,灰色关联分析法无需受制于案例分布规律或数量限制,因此在信息相对不完整的情况下,能够准确计算各评估因子之间的关联度。基于此,笔者在本书中采用灰色关联法,以计算目标案例与历史案例之间的关联度,为风险评估和决策提供可靠支持。

2. 案例重用

案例重用是一种有效的知识传递和问题解决方式。它指的是将之前解决过的类似问题案例中的解决方案应用到当前目标案例中,以解决问题。如果历史案例的解决方案完全适用于目标案例,那么可以直接采用,避免重复劳动。这有助于提高工作效率和减少不必要的资源消耗。

3. 案例调整

案例调整是在案例重用基础上的进一步处理。它考虑到历史案例和目标案例之间的差异,可能是环境、条件或其他因素的不同。在案例调整中,我们会根据实际情况,对历史案例的解决方案进行修补和调整,以确保其能够适应目标案例的特定需求。这可能需要专家进行人工调整,也可以通过系统的交互式学习来更新调整规则,从而优化解决方案的匹配度。

4. 案例保存

案例保存是一个重要的知识管理步骤,目的是将经过调整的解决方案保存在数据库中,以备将来使用。这些保存的案例变成了一个有价值的知识库,可以在类似问题再次出现时进行查找和应用。通过案例保存,数据库得到不断更新,这有助于组织积累经验和知识,提高团队整体的问题解决效率。

第 5 章　粮食安全风险评估

《国家粮食安全中长期规划纲要(2008—2020 年)》指出,粮食安全是关系国民经济发展、社会稳定和国家自立的全局性重大战略问题。受全球人口增长、耕地和水资源约束,以及气候异常等因素影响,国际市场粮食供求将长期趋紧,利用国际市场调剂余缺的空间将越来越小,中国必须保持足够高的粮食自给率。2003 年以来,中国的粮食产量持续增长,然而,随着人口增长和人民生活水平的提高,中国粮食需求呈现出刚性增长的态势,近 10 年来的人均粮食占有量一直低于 20 世纪末期的平均水平(400kg)。国内学者和相关部门的研究普遍认为,中国人均粮食占有量的安全下线是 400kg,超过 450kg 才能达到小康水平,中国的粮食安全面临严峻挑战。

随着我国人口增长,工业化、城镇化推进,耕地、淡水等资源日益紧缺,农业比较效益下降,农村空心化、农村劳动力老龄化趋势显现,地震、洪涝、干旱等自然灾害频繁发生,农业生产面临的资源、环境压力不断加大,粮食安全面临着新的挑战。对粮食安全风险进行评估不仅有利于把握粮食安全形势,对粮食市场的供求状况进行有效预测,也有利于揭示粮食安全风险水平的分布规律,为国家进行宏观调控、化解粮食安全风险提供决策依据。

粮食安全包括数量安全和质量安全,中国各地差异较大的资源环境条件和社会经济状况使得不同区域影响粮食安全的因素及各因素对粮食安全的影响程度千差万别。已有很多学者从气候、资源、供求、贸易等多个角度对中国的粮食安全问题进行了大量的研究,但这些研究大多从宏观角度出发,所选取的评估指标无法反映出各区域的特性,研究结果很难为地方政府和相关部门的政策制定提供客观依据。本次工作基于粮食产能从风险识别的角度出发并从区域尺度展开,综合考虑高阳县粮食安全面临的现实情况,结合客观统计数据情况,对粮食安全的风险因子进行了定性识别,建立了粮食安全风险因子识别的指标体系,并对粮食安全风险进行了评估。

5.1　层次分析法

5.1.1　评估因子分析

国内研究中对粮食安全指标大致提出以下观点:一个国家的粮食安全应该是在"安全性"和"经济性"之间寻找一个平衡点,以合理的成本满足对粮食的需要。对粮食安全状况的评估,不能仅以一个简单的供求数量界限作为标准,而应该综合考察粮食体系中各种可能的隐患,从粮食生产的能力、粮食生产的经济性和粮食生产能力储备来进行综合评估。这主要包括3个方面:①粮食生产的能力。我国常用劳动力数量、耕地面积、有效灌溉面积、化肥施用量及农机电气化水平等指标来综合评估粮食的生产能力,同时还应增加市场的完善程度评估。②粮食生产的经济性。对粮食生产的经济性可以从资源优化配置的角度进行考察。③粮食生产能力储备。将粮食储备的调剂能力适当地向生产领域转移,对粮食的生产能力进行储备,即国家在确保耕地面积的前提下,对种植作物进行调控。

影响中国粮食安全的风险源主要有自然灾害、资源约束、投入约束、消费需求和国际贸易共5大类。由于本次工作主要针对县级区域尺度的粮食安全风险,因此不考虑国际贸易因素的影响。自然灾害风险指由自然灾害发生而直接或间接导致粮食安全受到威胁的风险,主要包括农业气象灾害、病虫灾害、外来物种入侵;资源约束风险指由资源环境背景条件的突变或渐变导致的粮食安全风险,主要包括农药投入成本约束、化肥投入成本约束、农业机械投入、播种面积减少、地膜投入成本约束、劳动力短缺;投入约束风险指来源于生产投入改变所导致的生产性粮食短缺风险,主要包括耕地资源约束、水资源约束;消费需求风险指由人口增长或经济发展导致粮食消费量或消费结构改变所产生的供需矛盾风险,主要包括人口增加、收入水平变化、粮食消费结构变化、种子用粮及损耗增加。根据以上因子分析,参考高阳县实际情况,构建高阳县粮食安全风险评估模型(图5-1)。

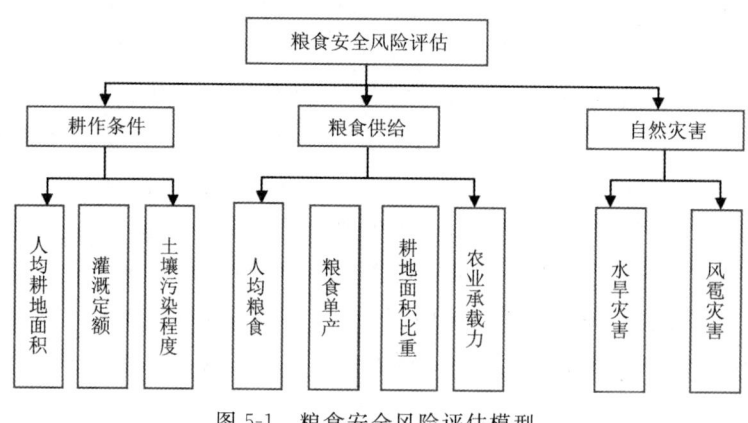

图5-1 粮食安全风险评估模型

5.1.2 评估指标体系

5.1.2.1 指标构建

基于以上对粮食安全风险因子的分析,结合其他学者的相关研究成果,综合考虑高阳县粮食安全面临的现实情况,结合客观统计数据情况,剔除存在显著相关性的风险因子,从粮食产能角度出发,本次工作将粮食安全风险评估指标体系分为目标层、准则层、指标层,划分指标9个,见表5-1。

表 5-1 粮食安全风险评估指标体系

目标层	准则层	指标层	评估指标等级划分及量值		
			低风险=1	中等风险=3	高风险=5
粮食安全风险评估（A）	耕作条件（B_1）	（C_1）人均耕地面积/亩	>1.5	0.5~1.5	<0.5
		（C_2）灌溉定额/($m^3·亩^{-1}$)	>220	120~220	<120
		（C_3）土壤质量下降程度	一级	二级	三级
	粮食供给（B_2）	（C_4）人均粮食/($kg·人^{-1}$)	>500	300~500	<300
		（C_5）粮食单产/($kg·亩^{-1}$)	>450	350~450	<350
		（C_6）耕地面积比重/%	>70	50~70	<50
		（C_7）农业承载力/mm	>400	200~400	0~200
	自然灾害（B_3）	（C_8）水旱灾害	Ⅳ级	Ⅲ级	Ⅱ级和Ⅰ级
		（C_9）风雹灾害	Ⅳ级	Ⅲ级	Ⅱ级和Ⅰ级

5.1.2.2 因子权重计算

评估因子的权重按照 AHP 法计算，过程如下。

(1) B_1-C 判断矩阵、权重及层次排序见表 5-2。

表 5-2 B_1-C 判断矩阵、权重及层次排序

B_1	C_1	C_2	C_3	W
C_1	1	2	3	0.539 3
C_2	0.5	1	2	0.297 4
C_3	0.33	0.5	1	0.163 3

注：$\lambda_{max}=3.005\ 5$，$CR=0.006\ 8<0.10$。

一致性检验通过，得出结论：所构造的判断矩阵具有满意的一致性，说明权重分配合理。

(2) B_2-C 判断矩阵、权重及层次排序见表 5-3。

表 5-3 B_2-C 判断矩阵、权重及层次排序

B_2	C_4	C_5	C_6	C_7	W
C_4	1.00	2.00	3.00	4.00	0.488 2
C_5	0.50	1.00	2.00	3.00	0.269 2
C_6	0.33	0.50	1.00	2.00	0.147 8
C_7	0.25	0.33	0.50	1.00	0.094 8

注：$\lambda_{max}=4.026\ 1$，$CR=0.008\ 2<0.10$。

一致性检验通过，得出结论：所构造的判断矩阵具有满意的一致性，说明权重分配合理。

(3) B_3-C 权重分配见表 5-4。

表 5-4 B_3-C 权重分配

B_3	W
C_8	0.6
C_9	0.4

(4) 最终计算出的各指标层权重如表 5-5 所示。

表 5-5 各指标层权重总排序

	B_1	B_2	B_3
C_1	0.539 3		
C_2	0.297 4		
C_3	0.163 3		
C_4		0.488 2	
C_5		0.269 2	
C_6		0.147 8	
C_7		0.094 8	
C_8			0.6
C_9			0.4

5.1.2.3　评估对象量值

1. 各乡镇粮食风险量值

根据表 5-1 的评估指标等级划分原则,对高阳县 8 个乡镇的各评估指标值进行了量值划分,结合表 5-5 的各因子权重,最终可算得各乡镇粮食风险值(表 5-6)。

表 5-6 各乡镇风险评估指标等级及风险值

	蒲口乡	晋庄镇	小王果庄镇	锦华街道办	邢南镇	西演镇	庞口镇	庞佐乡
(C_1)人均耕地面积/亩	1	1	3	5	3	3	3	1
(C_2)灌溉定额/(m³·亩⁻¹)	3	3	3	3	3	3	3	3
(C_3)土壤质量下降程度	1	1	1	1	1	1	1	1

续表 5-6

	蒲口乡	晋庄镇	小王果庄镇	锦华街道办	邢南镇	西演镇	庞口镇	庞佐乡
(C_4)人均粮食/(kg·人$^{-1}$)	1	1	1	5	5	1	1	1
(C_5)粮食单产/(kg·亩$^{-1}$)	3	3	3	3	3	3	3	3
(C_6)耕地面积比重/%	1	1	1	5	5	1	3	1
(C_7)农业承载力/mm	3	3	3	3	3	3	3	3
(C_8)水旱灾害	3	3	3	3	3	3	3	3
(C_9)风雹灾害	3	3	3	3	3	3	3	3
风险值	2.11	2.11	2.47	3.67	3.32	2.47	2.57	2.11

2. 高阳县粮食风险量值

以高阳县整体为评估单元,使用模糊数学法,根据本次所列的 9 个因素和确定的 3 个评估等级,进行风险因素取值(表 5-7),获得评估矩阵,结合表 5-5 的各因子权重计算获得风险等级隶属度,采用加权平均法,用高风险赋值 5、中等风险 3、低风险 1,与隶属度进行计算,最终可算得高阳县整体粮食风险指标值。

表 5-7 高阳县整体粮食风险因素取值

	低风险	中等风险	高风险	风险值
(C_1)人均耕地面积/亩	0	1	0	
(C_2)灌溉定额/(m^3·亩$^{-1}$)	0	1	0	
(C_3)土壤质量下降程度	0.95	0.05	0	
(C_4)人均粮食/(kg·人$^{-1}$)	0	1	0	
(C_5)粮食单产/(kg·亩$^{-1}$)	0	1	0	2.8
(C_6)耕地面积比重/%	1	0	0	
(C_7)农业承载力/mm	1	0	0	
(C_8)水旱灾害	0	0.9	0.1	
(C_9)风雹灾害	0	0.9	0.1	
隶属度	0.132	0.834	0.033	

5.1.3 评估结果及分析

利用风险度评估模型在ArcGIS上分别获得各指标图层,典型指标如图5-2~图5-5所示。将各图层对应的指标等级划分值赋以表5-5得到的综合指标权重,叠加后根据加权综合平均法和分级赋值法进行属性计算,分别得到耕作条件、粮食供给、自然灾害这3个标准层的数据,根据自然灾害指数法,叠加分析,由于最终的风险指标值量化范围为1~5,采用平均分级赋值法将风险指标值划分为3个等级,得到高阳县各乡镇粮食安全风险等级。同样根据平均分级赋值法,对高阳县整体粮食风险进行划分,最终判定高阳县整体粮食风险属于中等水平。评估结果显示,锦华街道办因为辖区内耕地面积少、农业承载力较低、人口密度大,人均粮食产量仅为78.6kg,远低于保定市426.2kg的平均水平,粮食安全风险等级划为高风险。但由于锦华街道办辖区作为中心城区,全县经济导向核心区,城市定位为文化旅游城市,其主要支柱产业与重点发展目标为第二产业纺织业与第三产业旅游业,综合其产业定位及全县粮食风险综合水平,可将锦华街道办粮食风险等级调整为中等。

通过最终的粮食安全风险性分区结果(图5-6)可以看出,高阳县境内,邢南镇粮食安全风险等级最高,主要原因是耕地面积少,人均粮食产量低,全镇耕地面积比重低。小王果庄镇、庞口镇和西演镇粮食安全风险等级为中等,主要原因是这3个乡镇农业承载力较低,人均耕地、人均粮食及耕地面积比处于中等水平。晋庄镇、蒲口乡和庞佐乡粮食安全风险等级最低,主要原因是辖区内耕地面积多,耕地面积比重高,农业承载力较高,人口密度小,人均粮食产量高于甚至远高于保定市平均水平,为维持整个高阳县粮食供给平衡发挥了重要作用。

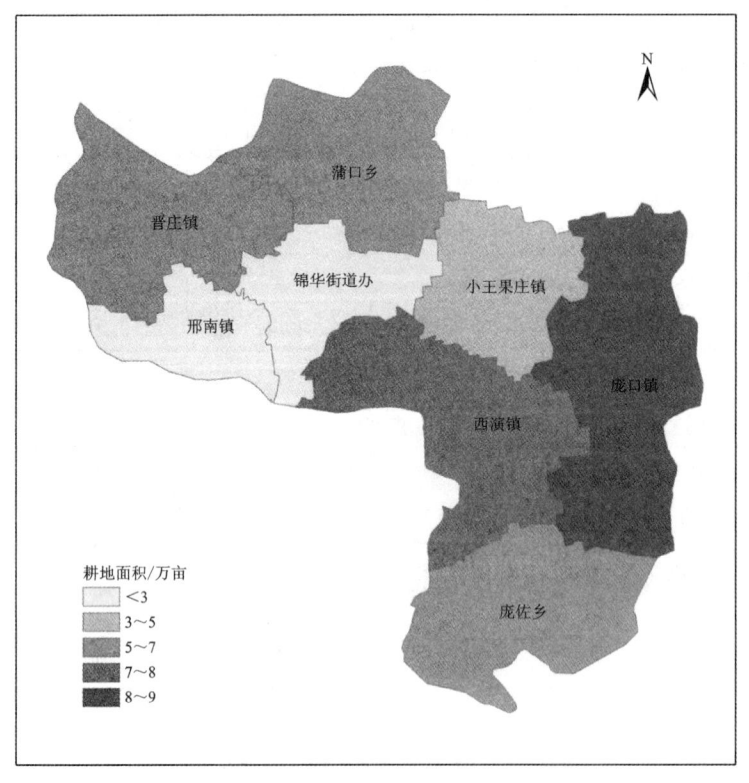

图5-2 耕地面积

第5章 粮食安全风险评估

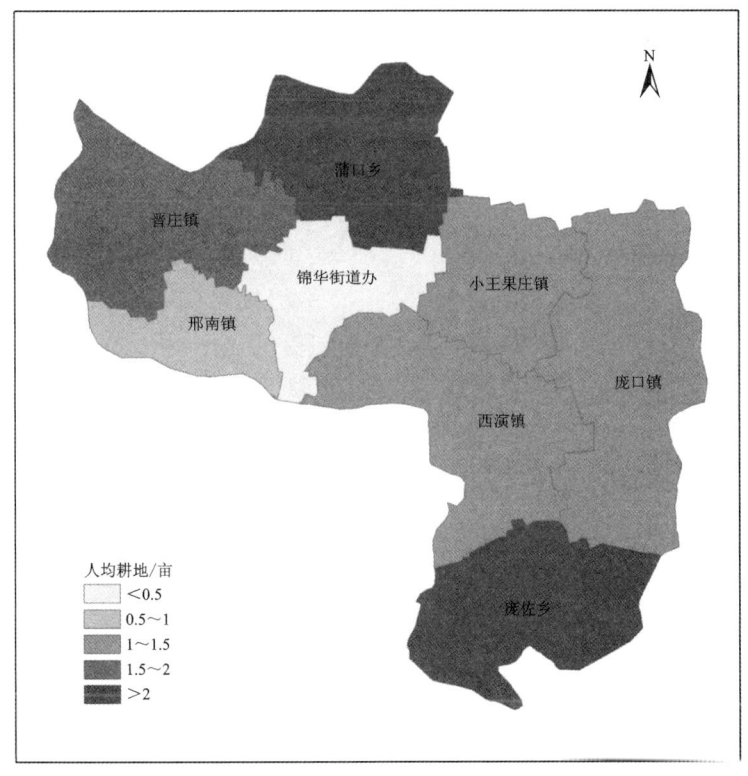

图 5-3 人均耕地

图 5-4 土壤质量下降等级

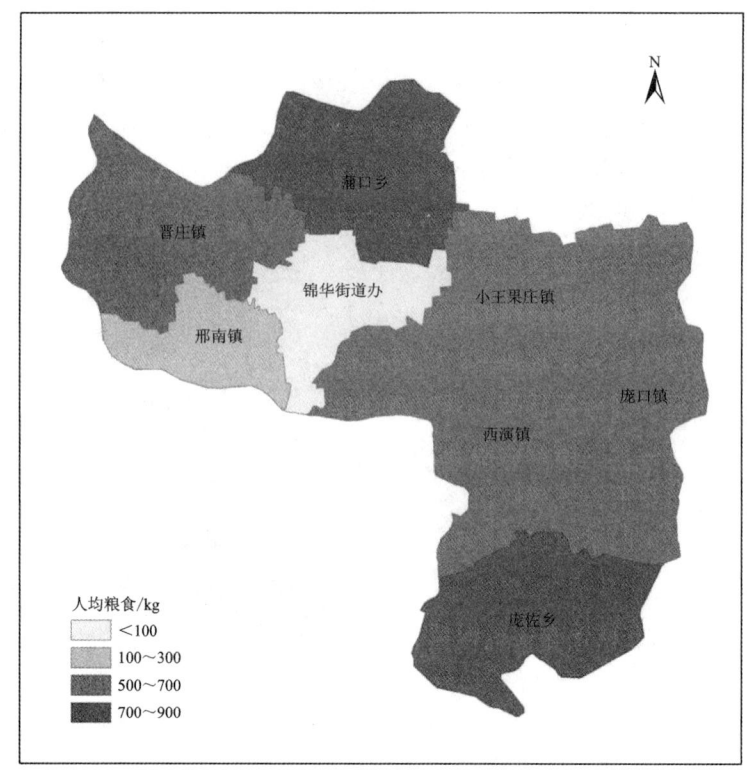

图 5-5 人均粮食

图 5-6 粮食安全风险等级

5.2 案例式推理法

本书案例式推理法属性因子的选取采用层次分析法的评估因子,其中,权重计算方法是案例式推理法中的关键步骤,影响着最终决策或评估的准确性和合理性。在权重计算方法的选取中,常见的有层次分析法和模糊层次分析法,它们在应用场景、计算思路、优缺点等方面存在差异。

1. 层次分析法

层次分析法通过将复杂的决策问题分解为一系列层次结构问题,将问题逐级分解,便于理解和处理。首先需要列出所有影响因素,并根据评估和选取原则选取评估指标。然后根据影响因素和指标之间的隶属关系,将评估目标分成目标层、准则层和指标层。接着,使用两两比较的方法构建判断矩阵,比较各个指标的相对重要性,计算出指标层对于目标层的综合权重,并逐层进行综合评估。

优点包括:①符合逻辑思维。层次分析法按照分解、比较和综合的思路进行决策,符合人们的常规思考方式。②定量和定性结合。这种方法将定量和定性分析结合,既考虑了数据的重要性,又考虑了主观判断因素。③适用广泛。不需要过多的定量数据,可以适用于各种问题,挖掘问题的关键影响因素和因子关系。

缺点包括:①精度受限。由于结合了定性和定量分析,适用于对精度要求不高的分析,可能无法满足某些高精度决策的需求。②主观性较大。在权重确定时,判断矩阵的构建受人为因素的影响较大,可能导致结果偏离客观情况。

2. 模糊层次分析法

模糊层次分析法的原理是基于模糊数学的一种权重计算方法,将隶属度函数和模糊集合的概念引入决策分析中。首先,确定评估目标的评估集和因素集,计算各指标因子的权重值。然后,通过确定评估因子的隶属向量,构建模糊评判矩阵。最后,应用模糊计算方法,考虑不确定性和模糊性因素,得出特征属性因子的权重。

优点包括:①综合性高。模糊层次分析法综合考虑了大量信息,适用于影响因子多、关系复杂、指标模糊的问题。②灵活性强。通过隶属度函数和模糊集合方法,可以灵活地处理模糊和不确定性信息,适应多种实际情况。③适用范围广。适用于涉及主观判断和模糊性较强的问题,能够更好地反映人们对问题的认知。

缺点包括:①方法复杂。模糊层次分析法涉及模糊数学理论,一些决策者可能对其较为陌生,需要一定的学习和理解成本。②权重确定挑战。在模糊相关矩阵和隶属度函数的确定过程中,仍需要进一步深入研究,以确保权重计算的准确性。综合而言,层次分析法和模糊层次分析法在权重计算方法的选择上各有优缺点,结合实际数据,笔者选用基于层次分析法的权重计算方式来计算案例之间的关联度。

5.2.1 属性关联度的计算

笔者采用灰色关联分析法计算属性关联度。灰色关联分析法是一种用于评估因素间关联程度的方法,其基本思想是通过对特征属性的相似程度进行判断,来衡量属性因子之间的联系密切程度。这种方法主要关注属性之间的同步率,即不同因素之间变化的同步程度。同步率越高,表示这些因素之间的关联度越高;同步率越低,表示关联度也越低。

灰色关联分析法特别适用于样本数量有限、信息不完整的情况。通过处理已知信息,该方法能够生成对研究区域的描述和认识结果。笔者以高阳县粮食风险识别为目标,运用灰色关联分析法来计算目标案例与历史案例之间的关联度,从而完成粮食风险的评估。

5.2.1.1 计算关联度

1. 选择参考序列和相关联序列

选择一个目标案例的特征属性作为参考数据列,然后从案例数据库中选择其他案例作为相关联序列。将目标案例的各个特征属性值构成的向量作为参考数据列,记为 r_0($r_0 = \{r_{01}, r_{02}, \cdots, r_{0m}\}$)。

在案例数据库中的案例称为相关联序列,又称为比较序列,记作 r_j($r_j = \{r_{j1}, r_{j2}, \cdots, r_{jm}\}$)。这些相关联序列与参考数据列将用于计算关联度。

2. 无量纲化处理

无量纲化处理数据的目的是减弱数据的量纲差异对比较的难度或比较结论的准确性所造成的影响。目前,无量纲化处理常用的方法有初值化法[式(5-1)]、均值化法[式(5-2)]。鉴于本书的数据,选择使用初值法对数据进行无量纲化处理。

$$r'_i(k) = \frac{r_i(k)}{r_i(1)} \quad \begin{cases} i = 0, 1, 2, \cdots, m \\ k = 1, 2, \cdots, m \end{cases} \quad (5\text{-}1)$$

$$r'_i(k) = \frac{r_i(k)}{\frac{1}{m}\sum_{1}^{m} r_i(1)} \quad \begin{cases} i = 0, 1, 2, \cdots, m \\ k = 1, 2, \cdots, m \end{cases} \quad (5\text{-}2)$$

3. 计算最大值与最小值

通过式(5-3)计算参考序列和相关联序列各元素之间的绝对差值。

$$|r'_0(k) - r'_i(k)| \; i, k = 1, 2, \cdots, m \quad (5\text{-}3)$$

确定计算结果中所有的绝对值中的最小值,记为 $\Delta\min|r'_0(k) - r'_i(k)|$,计算结果中所有的绝对值中的最大值,记为 $\Delta\max|r'_0(k) - r'_i(k)|$。

4. 计算关联系数和关联度

选择第 k 个属性,用式(5-4)来计算目标案例与案例库的案例之间的属性差,即关联系：

$$\zeta_j(k) = \frac{\min_j \min_k |r_{0j} - r_{ij}| + \rho \max_j \max_k |r_{0k} - r_{jk}|}{|r_{0k} - r_{jk}| + \rho \max_j \max_k |r_{0k} - r_{jk}|} \quad (5-4)$$

其中，$\rho(\rho \in (0,1))$为分辨系数，目的是在计算过程中减轻极值对计算结果的影响，在取值时，一般选择$\rho = 0.5$较为合适。最后，根据式(5-5)可以计算目标案例与案例库中的案例之间的关联度(相似度)：

$$S_j = \sum_{k=1}^{n} W_k \xi_j(k) \quad (5-5)$$

在判定参考序列与相关联序列之间的关联程度时，我们以S_j作为依据。当$S_j \geqslant 0.6$时，我们可视其为两者之间具有一定的关联，而数值的增大则意味着其关联性更加显著。相反，当$S_j < 0.6$时，我们则认为两者之间关联较弱。针对研究区域的尺度和实际数据，我们将关联度分为不同层次，对关联性进行分级，详见表5-7。

表 5-7 关联度分级表

关联度	风险等级
$S_j < 0.8$	低风险
$0.8 \leqslant S_j < 0.9$	中等风险
$0.9 \leqslant S_j < 0.95$	高风险
$0.95 \leqslant S_j < 1$	极高风险

5.2.2 评估结果及分析

根据层次分析法获取的粮食风险评估因子对比高阳县粮食安全综合指数来进行各区域的粮食风险评估。结合实际情况，在高阳县的粮食风险历史案例中，水旱及风雹灾害的发生概率较低，不具备充足的数据量作为参考，因此在案例推理中这两个评估因素不做计算。首先对剔除后的评估因子权重利用总和归一化处理得到各评估因子的权重(表5-8)。

表 5-8 评估因子权重分配

B	W
C_1	0.290 8
C_2	0.160 4
C_3	0.088 0
C_4	0.217 0
C_5	0.131 4
C_6	0.077 2
C_7	0.040 2

按德尔菲法加权求和值与2008年加权求和值对比规范化取值后,得出高阳县粮食安全综合系数[式(5-6)]:

$$F=\frac{W_1+A_1+W_2+B_1+W_3+C_1+\cdots+W_7+G_1}{W_1+A_0+W_2+B_0+W_3+C_0+\cdots+W_7+G_0} \quad (5-6)$$

通过《高阳年鉴(2018)》和《高阳县粮食流通统计报表(2018)》中的各项评估因子数据,采用式(5-6),计算出高阳县蒲口乡粮食安全综合指数(表5-9)。

表5-9 2008—2018年蒲口乡粮食安全综合指数

年份	2008	2009	2010	2011	2012	2013
F	1.000 0	0.957 5	0.932 6	0.854 3	0.851 9	0.831 6
年份	2014	2015	2016	2017	2018	平均值
F	0.839 5	0.645 7	0.705 0	0.729 9	0.796 1	0.831 3

为最大可能减少数值本身对最终计算值的影响,在进行灰色关联分析时,首先需要对数据进行无量纲化处理。因为不同指标或变量往往具有不同的量纲和尺度,这可能导致尺度差异引入分析结果的偏差。而无量纲化的目的就是消除这种尺度影响,确保不同指标之间具有可比性,从而更准确地评估它们的关联程度。此外,无量纲化还有助于避免权重不均衡和提高模型稳定性。对评估因子进行无量纲化处理后得到表5-10。

表5-10 评估因子无量纲化处理结果

年份	(C_1)灌溉面积	(C_2)灌溉定额	(C_3)土壤质量下降程度	(C_4)人均粮食	(C_5)粮食单产	(C_6)耕地面积比重	(C_7)农业承载力
2018	1.078 6	0.297 4	0.816 5	0.488 2	0.807 6	0.147 8	0.189 6
2017	1.060 9	0.264 1	0.765 2	0.481 6	0.786 3	0.135 2	0.181 2
2016	0.867 2	0.252 2	0.712 4	0.365 2	0.712 5	0.112 5	0.125 2
2015	1.014 5	0.238 4	0.723 5	0.567 9	0.621 5	0.113 2	0.142 1
2014	0.756 1	0.212 2	0.616 5	0.489 8	0.652 4	0.110 2	0.124 5
2013	0.833 5	0.003 4	0.776 9	0.335 7	0.726 3	0.273 4	0.180 4
2012	1.521 9	0.251 6	0.520 7	0.528 9	0.545 2	0.174 3	0.288 9
2011	0.664 4	0.742 5	0.502 4	0.752 7	0.735 7	0.604 3	0.588 0
2010	0.526 3	0.506 0	0.714 9	0.785 6	0.699 9	0.729 3	0.649 0
2009	0.721 4	0.696 7	0.767 6	0.717 7	0.742 4	0.716 7	0.768 5
2008	0.606 1	0.508 9	0.621 3	0.772 9	0.781 1	0.651 2	0.633 9

对表5-9和表5-10进行可视化处理,得到图5-7。

将表5-9中的F作为参考指标、表5-10中的$C_1 \sim C_7$作为指标因素序列,建立灰色关联分析模型,可得到F与$C_1 \sim C_7$的关联度,如表5-11所示。

第5章 粮食安全风险评估

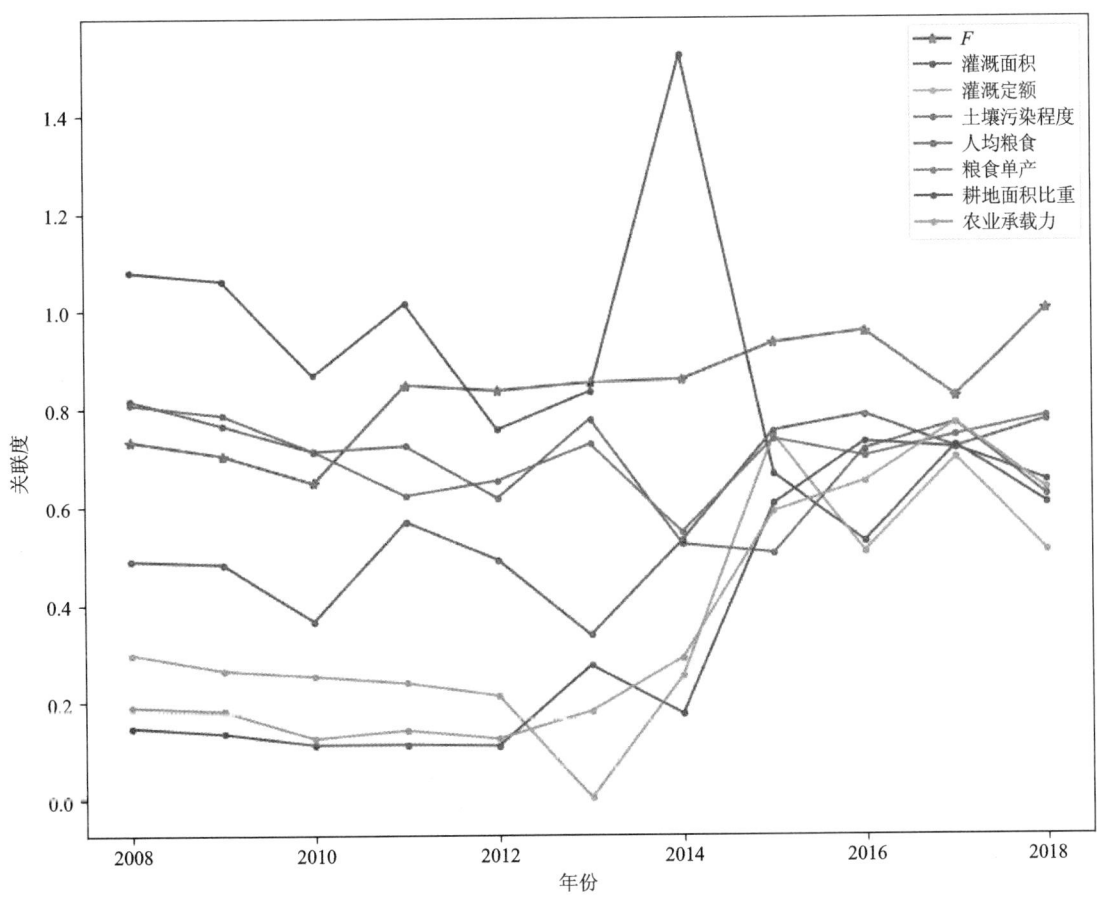

图 5-7 蒲口乡粮食风险灰色关联分析

表 5-11 蒲口乡粮食风险灰色关联度

	C_1	C_2	C_3	C_4	C_5	C_6	C_7
关联度	0.6079	0.5924	0.8821	0.6547	0.8412	0.7570	0.8553
关联序列	6	7	1	5	3	4	2

根据以上步骤可以得到高阳县其他地区的粮食风险灰色关联分析结果,如表 5-11~表 5-18 所示。

表 5-12 晋庄镇粮食风险灰色关联度

	C_1	C_2	C_3	C_4	C_5	C_6	C_7
关联度	0.5922	0.4288	0.9270	0.6285	0.8720	0.6223	0.7091
关联序列	6	7	1	4	2	5	3

表 5-13　小王果庄镇粮食风险灰色关联度

	C_1	C_2	C_3	C_4	C_5	C_6	C_7
关联度	0.825 6	0.428 8	0.356 9	0.635 0	0.798 5	0.889 0	0.725 4
关联序列	2	7	6	5	3	1	4

表 5-14　锦华街道办粮食风险灰色关联度

	C_1	C_2	C_3	C_4	C_5	C_6	C_7
关联度	0.935 4	0.640 8	0.231 5	0.896 5	0.564 3	0.856 3	0.705 2
关联序列	1	5	7	2	6	3	4

表 5-15　邢南镇粮食风险灰色关联度

	C_1	C_2	C_3	C_4	C_5	C_6	C_7
关联度	0.902 3	0.604 5	0.352 0	0.953 0	0.704 4	0.915 6	0.745 8
关联序列	3	6	7	1	5	2	4

表 5-16　西演镇粮食风险灰色关联度

	C_1	C_2	C_3	C_4	C_5	C_6	C_7
关联度	0.863 5	0.812 0	0.312 6	0.205 4	0.824 4	0.334 1	0.656 0
关联序列	1	3	6	7	2	5	4

表 5-17　庞口镇粮食风险灰色关联度

	C_1	C_2	C_3	C_4	C_5	C_6	C_7
关联度	0.845 6	0.812 5	0.652 6	0.628 5	0.872 0	0.853 6	0.802 2
关联序列	3	4	6	7	1	2	5

表 5-18　庞佐乡粮食风险灰色关联度

	C_1	C_2	C_3	C_4	C_5	C_6	C_7
关联度	0.592 2	0.833 1	0.865 5	0.728 5	0.881 9	0.622 3	0.825 1
关联序列	7	3	2	5	1	6	4

由表 5-11~表 5-18 可看出,高阳县蒲口乡、晋庄镇、小王果庄镇等 8 个地区的粮食风险关联度最高的因子分别包含了土壤质量下降程度、人均耕地面积、人均粮食、耕地面积和粮食单产 5 个指标,如图 5-8~图 5-12 所示。这说明以上因子对高阳县粮食安全影响最大,其次是灌溉定额、农业承载力等对粮食安全影响较小。因此,在未来的发展规划中,有必要对这些关键因素进行深入研究,如根据以上关联度的分析,高阳县需引入现代农业技术,合理施肥,减少化肥、农药的使用,以保障土壤的健康环境。考虑到人均耕地面积和人均粮耕地面积比重,必须对土地资源的合理利用进行规划。通过合理的土地规划和利用政策,确保耕地的可持续性利用,避免土地过度承载造成的生态破坏。同时,粮食单产作为影响粮食供给的重要指标,也需要在规划中充分考虑。科学种植技术的应用、优质品种的推广和疫情等因素对粮食产量都有直接影响,因此,在规划中应注重农业技术创新和科技支持,提高粮食生产的效益。虽然灌溉定额和农业承载力等因素的影响相对较小,但其重要性不容忽视,在未来的规划中应予以适度调整,确保全面有效的资源配置,这不仅关乎高阳县居民的日常生活,也关系到地方经济的发展和社会的稳定。

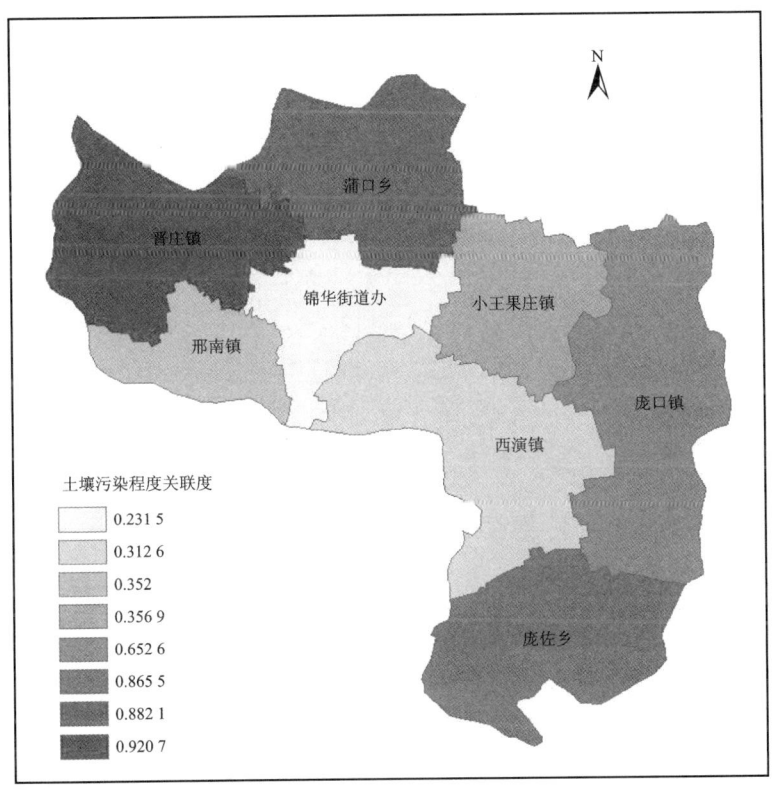

图 5-8 土壤质量下降关联度

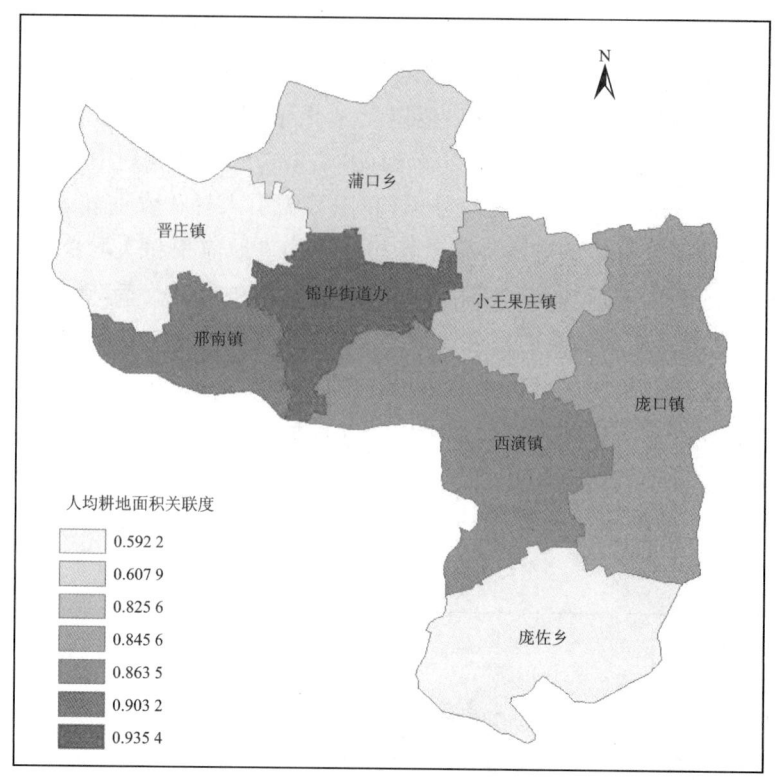

图 5-9　人均耕地关联度

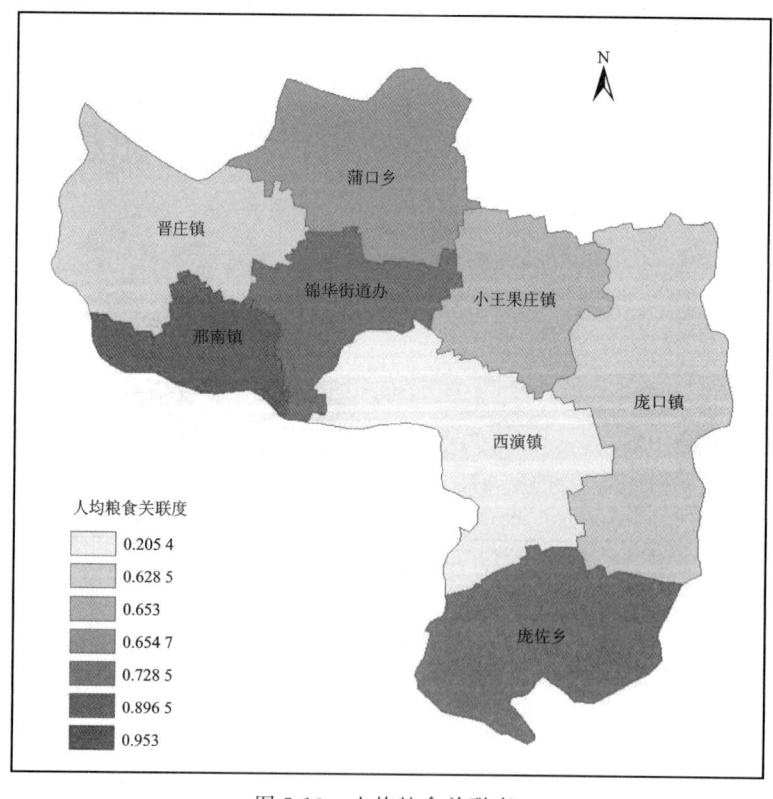

图 5-10　人均粮食关联度

第 5 章 粮食安全风险评估

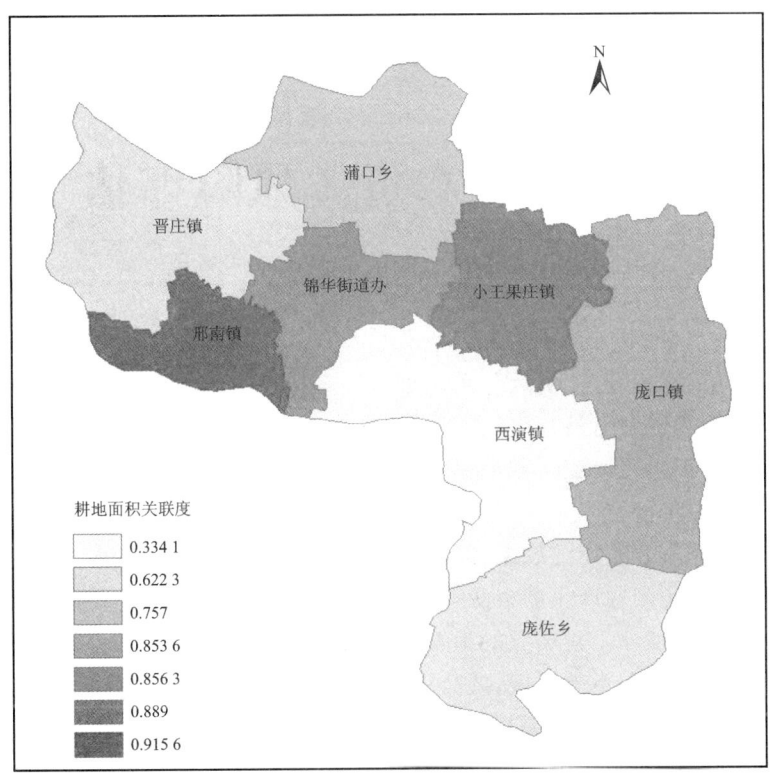

图 5-11 耕地面积关联度

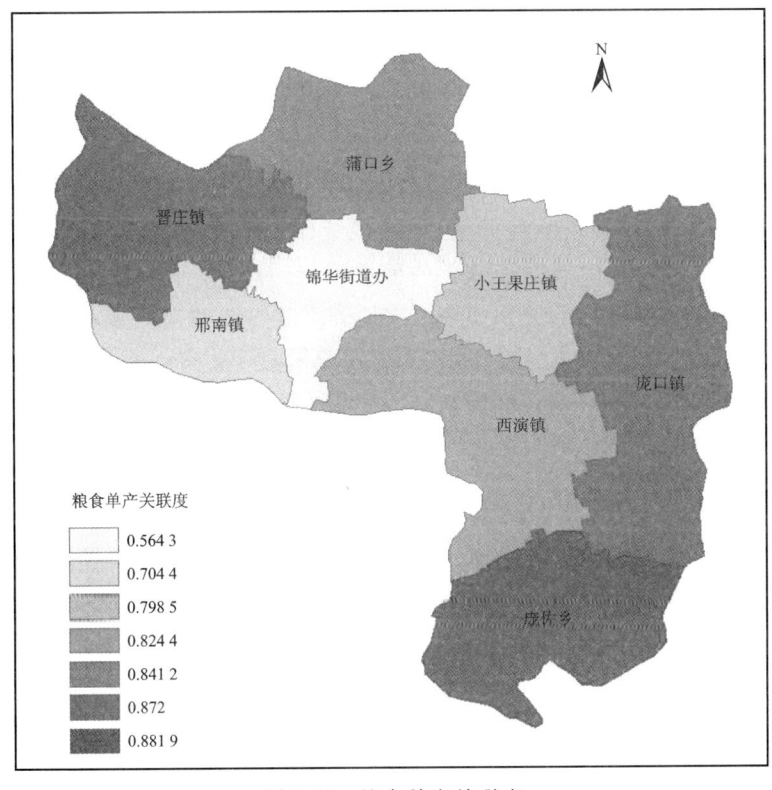

图 5-12 粮食单产关联度

第6章 水资源风险评估

"水资源"一词最早出现于1984年美国地质调查局设立的水资源处并一直延用至今。由于种种原因,如水资源的动态特征,各种类型水体相互联系、相互转化。水资源包含质和量两方面,并在一定条件下可以改变。水的用途广泛,不同用途对水质和水量具有不同的要求,水资源的开发利用还受经济技术条件、社会条件和环境条件的制约;水资源与自然生态系统、社会经济系统及其变化有着密切的联系和作用。

资源稀缺性是资源问题产生的根源,是资源问题安全的本质。水资源与其他自然资源一样,也固有着稀缺性的特征。水资源的稀缺性有两层含义:首先,供给人类活动需要的水资源是有限的;其次,不同地区、不同区域,或特定地区、特定区域,不同用途的水资源也是有限的,不能满足人们的各类活动对水资源的需求。由此看出,水资源的稀缺性是水资源问题安全化的本质。水资源安全的问题化即水资源风险。基于以上判断,水资源风险评估实际就是水资源短缺评估。

目前,水资源有关的风险评估理论与方法正在逐步发展与创新,总体来说,包括如下几个方面的风险评估:①水资源系统风险评估与研究,如阮本清等(2005)对水资源系统评估过程进行了阐述,并且分析研究了水资源系统风险评估区域水资源危机产生的原因及其风险评估数学模型。②水利工程上及管理上的风险评估,如水利工程经济效益风险性评估、水库调度风险管理、水资源配置风险评估等;水环境风险理论(分为健康风险评估和水生态环境风险评估)的研究。③水资源短缺风险性评估,如廖强等(2013)针对我国华北地区水资源风险问题,在对京津冀地区水资源背景进行分析的前提下,计算了以年为时间尺度的风险指标,并在此基础上对水资源风险进行分类和评估。④地表水的脆弱性与地下水的开发风险,水资源承载力风险,水安全的风险,灾害风险如洪灾、旱灾等风险评估等。有关水资源的风险性评估方法和模型研究有蒙特卡罗不确定性分析法、物元模型、层次分析法、极值统计学法、模糊风险分析法、灰色随机风险分析、最大熵风险分析方法及混沌、神经网络、遗传算法、时间序列分析等现代数学分析法。

6.1 层次分析法

6.1.1 评估因子分析

水资源风险评估的核心在于对产生水资源危机因子的选取,并构建水资源危机指标体系。根据不同的研究目的和研究过程,选择的评估因子有所不同。有的是综合前人的研究成果选取相关因子,有的是根据部分相关经验进行初步的选取,有的是选取国家规定的指标进行评估。因为影响水资源危机的因子众多,而且相互关联极其复杂,笔者主要从水资源系统的角度,分析影响其内部发展及其发生风险的过程,从自然水文循环和社会水循环之间的相互关系是否协调发展分析水资源危机的产生及过程的影响因子。待选因子的选取应遵循以下原则。

(1)科学性原则:因子的选取要建立在科学的基础上,尽量客观真实地反映水资源系统发展的状态、各个子系统和因子之间的相互联系,并能较好地度量研究目标的实现程度。

(2)系统性原则:水资源系统是由多个子系统相互作用形成的,这就要求因子的选取既要反映出水资源子系统、社会经济子系统、生态子系统、环境子系统等子系统的发展指标,又要反映出各个子系统的相互作用与联系,讲究系统性,避免因因子复杂而无法操作。

(3)定性与定量相结合原则:评估过程中尽量参考相关标准、规范等,选取定量因子,以保证评估结果准确、可信,对于难以量化的因子可以采用定性描述。

(4)动态与静态相结合原则:水资源系统是不断发展和变化的,是动态和静态的统一。所以选取的因子也应是动静结合的,既要反映水资源系统发展状态,也要反映其发展过程。

(5)可比性原则:尽量采用标准的名称、概念和计算方法,做到与国际指标的可比性,同时还应充分考虑我国水资源的发展历史状况。

(6)可操作性:要充分考虑数据收集的方便性和现实可能性,尽量选取能获得合适资料的指标,不必面面俱到。引发水资源风险的因子主要是从水资源系统内部,以人类生产活动引起社会水循环对自然水文循环的干扰为驱动力,以及水资源危机产生的类型分析得出的。

6.1.2 评估模型和方法

6.1.2.1 评估模型

自然灾害风险是指未来若干年内可能达到的灾害程度及其发生的可能性。一般而言,自然灾害风险由危险性、暴露性、脆弱性组成。防灾减灾能力对自然灾害风险度的作用也是比较大的。因此在区域自然灾害风险形成过程中,危险性、暴露性、脆弱性和防灾减灾能力缺一不可。自然灾害风险是四者综合作用的结果。

本次工作把自然灾害风险理论引入水资源风险评估中。水资源风险是自然、经济、社会的综合反映。它的形成及其成灾强度既决定于水资源量和水质状况,也受工业用水量、灌溉水利用系数、城市建设发展工业布局、经济发展水平、人口增长等的影响,同时还取决于经济结构和社会环境等人为因素,即也受自然灾害风险四因子影响。

基于自然灾害风险形成机制和水资源风险识别、形成过程及原理,笔者建立了如图6-1所示的水资源风险评估概念模型图。

由图6-1可知,水资源风险度的影响因素包括危险性、暴露性、脆弱性、降风险能力4个方面。危险性是指造成水资源风险的自然因素和程度,有水量和水质两个方面,主要指人均水资源量、年均降雨量、地表水水质级别及自然地理环境。供给的水量越少,水质越差,危险性就越大。一般危险性越大,水资源风险也越大。暴露性是指可能受到危险因素威胁的经济、

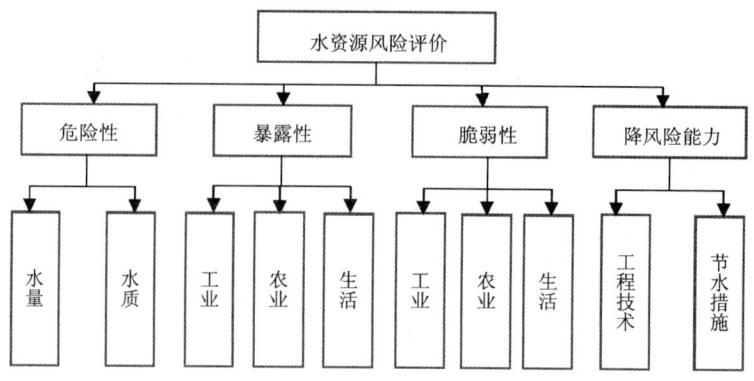

图 6-1 水资源风险评估概念模型图

社会和自然环境系统,具体包括农业、牧业、城市、人类和生态环境,如人口密度、工业用水重复利用率、灌溉水量等。一个地区暴露于危险因素的价值密度越高,可能遭受的潜在损失越大,风险越大。脆弱性是指潜在的危险因素造成的危害或损失程度。城市的用水部门主要有工业部门、城市生活方面和绿化用水及城郊灌溉等。这些用水部门越多,或部门的用水量越多说明越脆弱,即容易有风险。降风险能力是指采取一些工程技术和节水措施,如污水处理、控制用水定额等,降低资源风险所造成的危害性。节水措施法规和工程技术越完善,人们的降风险意识越高,则水资源风险越小。

6.1.2.2 评估方法

1. 自然灾害指数法

危险性、暴露性、脆弱性和防灾减灾能力缺一不可,自然灾害风险是自然灾害四因子综合作用的结果。同时,基于风险标准公式 Risk＝Hazard＋Vulnerability,自然灾害风险度评估公式为

自然灾害风险度＝危险性＋暴露性＋脆弱性＋防灾减灾能力

在水资源风险评估中,防灾减灾能力即降风险能力。因此,水资源风险度评估公式为

水资源风险度＝危险性＋暴露性＋脆弱性＋降风险能力

2. 加权综合平均法

加权综合平均法是根据评估指标对评估总目标影响的重要程度的不同,预先分配一个相应的权重系数,后再与相应的被评估对象的各指标的量化值相乘后再相加,最后除以评级系统指标个数,求平均值。加权综合评估法综合考虑了各个因子对总体对象的影响程度,把各个具体指标的优劣综合起来,用一个数量化指标加以集中,表示整个评估对象的优劣。因此这种方法特别适用于对技术或方案进行综合分析评估和优选,可以辅助决策是目前最为常用的计算方法之一。计算公式为

$$p = \frac{1}{n}\sum_{i=1}^{n} A_i W_i \quad (6-1)$$

且有 $A_i > 0, \sum_{i=1}^{n} A_i = 1$。

式中，p 为某评估对象所得的总分（等级划分指数）；A_i 为某系统第 i 项指标的量化值（度量值）；W 为某系统第 i 项指标的权重系数；n 为某评估系统指标个数。

3. 分级赋值法

DRASTIC 是一个用于评估地下水脆弱性的指数模型，它是"地下水位下降、净补给、土壤、地形、影响、介质和水位"这 7 个英文单词的首字母缩写，每个参数的得分与其权重相乘，然后将所有参数的加权得分相加，得到 DRASTIC 指数的总分，每个评估参数都可用指标值来量化这些数值范围和类别对地下水质量下降的可能影响，其评分范围为 1～10。DRASTIC 指数这个总分范围从 0 到 240。总分越高，表示地下水脆弱性越高。而在水资源风险评估中，关于水资源风险评估参数的指标划分研究甚少，没有统一的标准。以往的研究者往往根据评估指标的最大值、最小值范围，人为划定评估等级和范围，主观因素太强。在本次工作中，对指标体系进行归一化处理，使其数值范围在 0～1 之间，平均赋值，划分 5 个等级。

6.1.3 评估指标体系构建

6.1.3.1 指标构建

依据高阳县数据资料的来源情况，结合水资源现状，依水资源风险评估概念模型图，构建水资源风险评估指标体系，分为目标层、准则层、指标层，划分指标 15 个，见表 6-1。

表 6-1 风险评估指标体系

目标层	准则层	指标层	评估指标等级划分			
			低=1	中等=3	较高=4	高=5
水资源风险评估（A）	危险性（B_1）	（C_1）地下水位变幅/m	<0.5	0.5～1	1～1.5	>1.5
		（C_2）人均水资源量/(m³·人⁻¹)	>1000	500～1000	<500	
		（C_3）年均降雨量/mm	>800	400～800	200～400	0～200
		（C_4）地下水质量	Ⅰ、Ⅱ、Ⅲ	Ⅳ	V	
	暴露性（B_2）	（C_5）人口密度/(人·km⁻²)	<400	400～600	600～1000	>1000
		（C_6）城镇化率/%	<50	50～80	>80	
		（C_7）工业企业占比/%	<10	10～30	>30	
		（C_8）亩均灌溉用水量/(m³·亩⁻¹)	<200	200～240	>240	
	脆弱性（B_3）	（C_9）灌溉水利用系数/%	>0.55	0.5～0.55	<0.5	
		（C_{10}）城市人均生活用水量/(L·d⁻¹·人⁻¹)	>110	80～110	<80	
		（C_{11}）万元 GDP 用水量/(m³·万元⁻¹)	<50	50～150	>150	
	降风险能力（B_4）	（C_{12}）水资源利用率/%	<80	800～100	>100	
		（C_{13}）污水处理回用率/%	>30	10～30	<10%	
		（C_{14}）生活用水定额/(L·d⁻¹·人⁻¹)	>80	80～40	<40	

6.1.3.2 因子权重计算结果

评估因子的权重按照 AHP 法计算,过程如下。

(1) B_1-C 判断矩阵、权重及层次排序见表 6-2。

表 6-2 B_1-C 判断矩阵、权重及层次排序

B_1	C_1	C_2	C_3	C_4	W
C_1	1	2	4	5.00	0.488 7
C_2	0.5	1	2	6.00	0.304 2
C_3	0.25	0.5	1	2.00	0.137 3
C_4	0.20	0.17	0.50	1.00	0.069 8

注:$\lambda_{max}=4.030\ 9$,$CR=0.010\ 3<0.10$。

一致性检验通过,得出结论:所构造的判断矩阵具有满意的一致性,说明权重分配合理。

(2) B_2-C 判断矩阵、权重及层次排序见表 6-3。

表 6-3 B_2-C 判断矩阵、权重及层次排序

B_2	C_5	C_6	C_7	C_8	W
C_5	1	3	1	2.00	0.351 3
C_6	0.33	1	0.33	0.50	0.108 4
C_7	1	3	1	2.00	0.351 3
C_8	0.50	2.00	0.50	1.00	0.188 7

注:$\lambda_{max}=4.004\ 9$,$CR=0.001\ 5<0.10$。

一致性检验通过,得出结论:所构造的判断矩阵具有满意的一致性,说明权重分配合理。

(3) B_3-C 判断矩阵、权重及层次排序见表 6-4。

表 6-4 B_3-C 判断矩阵、权重及层次排序

B_3	C_9	C_{10}	C_{11}	W
C_9	1.00	3.00	3.00	0.594 4
C_{10}	0.33	1.00	2.00	0.248 8
C_{11}	0.33	0.50	1.00	0.156 8

注:$\lambda_{max}=3.046\ 7$,$CR=0.057<0.10$。

一致性检验通过,得出结论:所构造的判断矩阵具有满意的一致性,说明权重分配合理。

(4) B_4-C 判断矩阵、权重及层次排序见表 6-5。

一致性检验通过,得出结论:所构造的判断矩阵具有满意的一致性,说明权重分配合理。

表 6-5 B_4-C 判断矩阵、权重及层次排序

B_4	C_{12}	C_{13}	C_{14}	W
C_{12}	1.00	2.00	3.00	0.539 9
C_{13}	0.50	1.00	2.00	0.297 1
C_{14}	0.33	0.50	1.00	0.162 9

注：$\lambda_{\max}=3.005\ 5$，$CR=0.006\ 8<0.10$。

（5）最终计算出的各指标层权重如表 6-6 所示。

表 6-6 各指标层权重总排序

	B_1	B_2	B_3	B_4
C_1	0.488 7			
C_2	0.304 2			
C_3	0.137 3			
C_4	0.069 8			
C_5		0.351 3		
C_6		0.108 4		
C_7		0.351 3		
C_8		0.188 7		
C_9			0.594 4	
C_{10}			0.248 8	
C_{11}			0.156 8	
C_{12}				0.539 9
C_{13}				0.297 1
C_{14}				0.162 9

6.1.4 评估结果及分析

根据表 6-1 的风险评估指标，利用风险度评估模型在 ArcGIS 上分别获得各指标图层，典型指标如图 6-2～图 6-5 所示。将各指标因子图属性划分等级后进行量化处理，将各图层对应属性赋以表 6-6 得到的综合指标权重，叠加后根据加权综合平均法和分级赋值法进行属性计算，分别得到危险性、暴露性、脆弱性、降风险能力这 4 个标准层的数据，根据自然灾害指数法，叠加后采用平均分级赋值得到高阳县水资源风险分布图（图 6-6）。

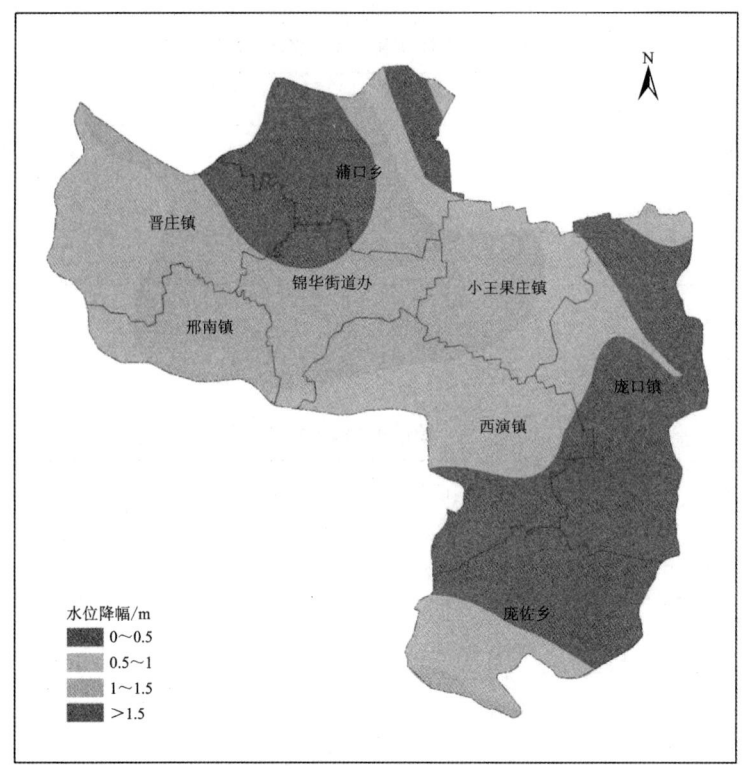

图 6-2 浅层地下水水位降幅

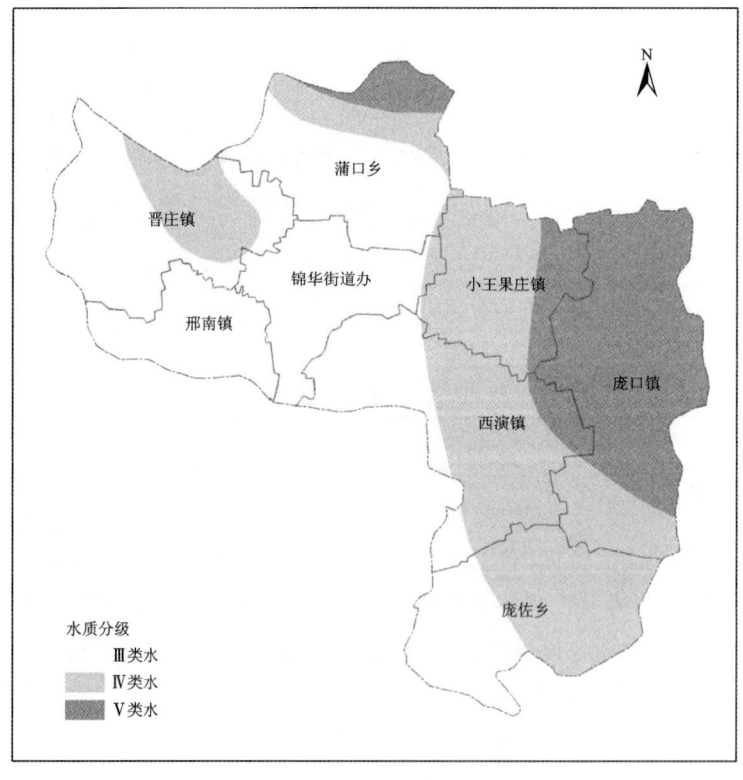

图 6-3 浅层地下水水质分级

第6章 水资源风险评估

图 6-4 浅层地下水质量下降分区

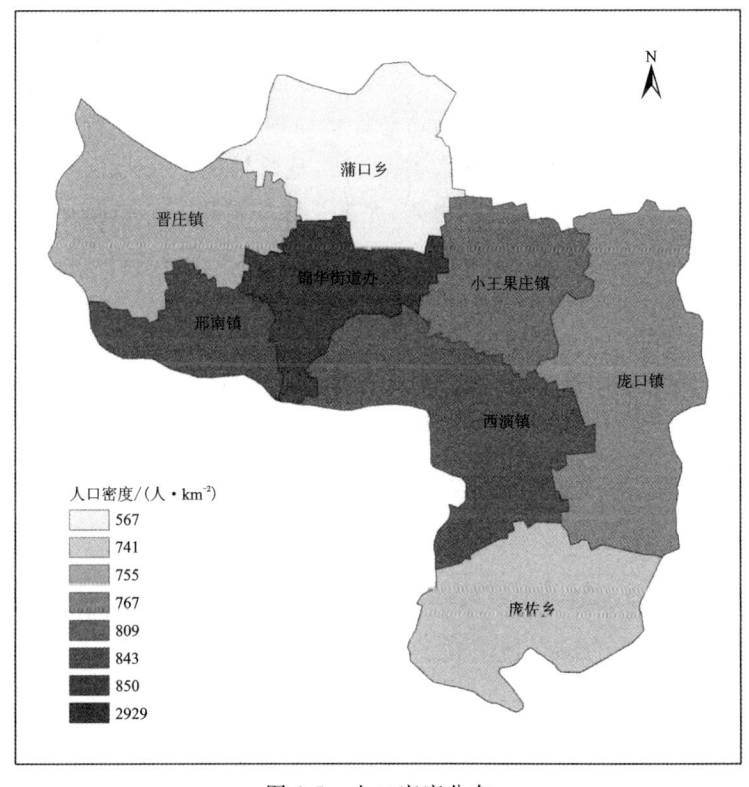

图 6-5 人口密度分布

图 6-6 水资源风险等级

通过水资源风险性分区结果可以看出,高阳县全区内水资源高风险区域集中在锦华街道办、与锦华街道办北部接壤的晋庄镇东部区域,蒲口乡西部区域,以及与锦华街道办东南部接壤的西演镇西部分区域,总面积 78.4km²,占总评估面积的 17.8%,风险较高的主要原因是该区域地下水降幅大,浅层和深层水位降幅为 1～2m,危险性高;农业用水和生活用水量大,水资源利用效率较低,脆弱性高,降风险能力差;尤其是锦华街道办人口密度大,企业工厂多,水资源重复利用效率低,暴露于水资源风险程度高。水资源中等风险区域主要位于小王果庄镇、邢南镇全境、西演镇、晋庄镇大部分地区,以及蒲口乡中部,庞口镇西部区域,庞佐乡南侧区域,面积达到 235.3km²,占总评估面积的 53.4%,主要原因是地下水降幅较大,农业用水量大,但水资源利用效率较低。低风险区主要位于西演镇、庞口镇、庞佐乡交界处及庞口镇中东部大部分区域,面积为 129.7km²,占总评估面积的 36.2%。

6.2 案例式推理法

随着社会经济的迅猛发展和人民生活水平的提高,我国水资源供需矛盾问题日益凸显,这不仅对可持续发展造成了威胁,还限制了各个领域的持续发展。为了解决这一难题,学者们在水资源管理领域进行了广泛的研究,以寻求有效的解决方案。在这个背景下,灰色预测法作为一种在数据不确定性较高的情况下进行预测的方法,逐渐在水资源管理中得到了广泛的应用。水资源管理研究是一项复杂的任务,涉及多个维度和多个影响因素。学者们关注地表水、地下水、再生水等不同水源的现状和未来发展趋势，以及农业、工业、生态等多个领域的用水结构，从而分析并预测现有的水资源配置方案。这些研究可以为政府部门科学决策提供支持，优化或调整地区的水资源开发和利用规划。在水资源管理的研究中，预测方法是关键的一环。传统的预测方法包括神经网络法、回归分析法、遗传算法等，但是由于水资源系统的随机性和模糊性，很多方法在应对复杂的水资源系统时难以达到满意的效果。而灰色预测法正是在这种情况下显现出了独特的优势。灰色预测法是一种基于灰色系统理论的预测方法，适用于数据信息不确定和不完备的情况。它可以有效地分析和预测事物的未来发展趋势，特别是在数据获取困难的情况下，灰色预测法表现出较高的预测精度。这种方法不仅可以应用于水资源管理的长期规划，还可以用于短期的水文预测，有助于更好地预测和规划水资源的合理利用。灰色预测法在水资源领域的应用可以追溯到1992年。随着方法的不断发展和完善，其应用范围逐渐扩展至不同领域，如水源储量预测、用水需求预测、水质量下降研究，甚至还涉及综合评估研究。值得注意的是，在不同的历史时期，灰色预测法的应用侧重点也有所变化。在2000年以前，灰色预测法主要应用于水资源管理和水文预测领域。之后，随着对水资源管理需求的不断深入，该方法逐步适用于水源储量预测、用水需求预测等领域，为相关决策提供了有力支持。在2015年左右，由于水质量下降问题的日益凸显，灰色预测法开始在水质量下降研究领域得到广泛应用，为水环境保护和水质量下降治理提供了新的思路与方法。近几年，随着全球环境议程的不断升级，特别是"双碳"目标的出台，灰色预测法的应用范围进一步扩展。除了水资源管理领域，它还涉及经济、生态环境等综合评估研究，有助于更好地平衡各个领域的发展和资源利用。

对于高阳县这样一个水资源相对有限的地区来说，由于人口增长、工业化进程加速和气候变化等因素的影响，水资源短缺问题逐渐凸显。水资源短缺问题在高阳县呈现出复杂多层次的特点，受多重条件和繁杂因素的影响，具有系统灰色性。因此，研究水资源短缺风险需要综合考虑各种因素，而案例推理中的灰色关联分析法恰好满足了这种需求。该方法不仅可以客观反映不同因素之间的关联度，还能揭示这些因素的变化趋势，为水资源风险问题的研究提供了一种有力的手段。在本次研究中，采用灰色关联分析法来探究高阳县水资源短缺风险因素。首先，需要确定分析序列，包括地下水位变幅、人口密度、工业企业数量、城镇化率等指标。这些指标涵盖了水资源利用的不同方面，能够全面地考察水资源风险问题。同时，选取缺水率作为参考序列，该指标可以反映出高阳县2008—2018年的地区缺水程度。在实际研究中，将分析序列与参考序列进行比较，计算各个因素的关联度。通过灰色关联度的计算，可以得出不同因素之间的关联程度，从而分析出在一定时期内各个因素的变化趋势是否相似。如果某些因素的变化趋势与缺水率变化趋势高度相关，那么这些因素就可能是影响高阳县水资源短缺风险的主要因素。

6.2.1 属性关联度的计算

根据层次分析法建立的评估指标体系，将三级指标权重利用总和归一化处理得到各评估因子的综合权重分别见表6-7。

表 6-7 评估因子权重分配

B	W	B	W
C_1	0.122 1	C_8	0.047 2
C_2	0.076 1	C_9	0.148 6
C_3	0.034 3	C_{10}	0.062 2
C_4	0.017 5	C_{11}	0.039 2
C_5	0.087 8	C_{12}	0.135 0
C_6	0.027 1	C_{13}	0.074 4
C_7	0.087 8	C_{14}	0.040 7

根据《高阳年鉴(2018)》获取蒲口乡2008—2018年的缺水率(表6-8)。

表 6-8 2008—2018 年蒲口乡缺水率

年份	2008	2009	2010	2011	2012	2013
缺水率	0.609 7	0.630 4	0.645 5	0.667 7	0.685 1	0.609 7
年份	2014	2015	2016	2017	2018	平均值
缺水率	0.697 7	0.728 7	0.745 3	0.781 8	0.830 4	0.693 8

以高阳县蒲口乡为例,对2008—2018年的各评估因子进行无量纲化处理(表6-9)。

表 6-9 评估因子无量纲化处理

年份	2008	2009	2010	2011	2012	2013	2014	2015	2016	2017	2018
C_1	0.601 5	0.641 5	0.640 1	0.683 2	0.689 6	0.724 5	0.731 2	0.734 5	0.789 8	0.804 2	0.820 1
C_2	0.638 6	0.659 2	0.707 2	0.743 2	0.840 6	0.932 0	0.959 4	0.988 2	0.996 3	1.020 0	1.110 5
C_3	0.852 8	0.860 5	0.790 8	1.189 5	1.121 7	0.960 5	0.836 7	0.914 5	0.864 0	0.788 6	0.836 8
C_4	0.605 2	0.643 4	0.655 0	0.684 4	0.696 4	0.720 0	0.723 3	0.736 4	0.798 1	0.808 5	0.813 6
C_5	0.610 2	0.630 4	0.642 5	0.667 4	0.679 9	0.680 2	0.697 1	0.729 7	0.735 8	0.781 2	0.829 4
C_6	0.648 5	0.674 2	0.725 7	0.829 2	0.869 7	0.879 2	0.949 9	1.039 6	1.136 0	1.142 2	1.158 6
C_7	0.757 7	0.831 7	0.841 9	0.909 2	0.917 7	0.973 5	1.017 3	1.073 3	1.091 7	1.127 0	1.193 9
C_8	0.640 2	0.647 5	0.647 5	0.736 2	0.803 5	0.817 6	0.836 5	0.874 6	1.062 9	1.136 6	1.161 3
C_9	0.657 3	0.709 1	0.739 6	0.795 2	0.824 8	0.961 2	0.976 2	1.039 8	1.061 1	1.109 9	1.141 6
C_{10}	0.635 8	0.675 1	0.705 9	0.718 9	0.800 8	0.817 2	0.828 5	0.895 1	0.991 2	1.015 6	1.028 7
C_{11}	0.657 0	0.663 8	0.719 2	0.745 5	0.894 1	0.904 2	0.966 4	0.981 8	1.111 4	1.124 6	1.172 1
C_{12}	0.650 5	0.771 3	0.774 0	0.803 8	0.845 2	0.854 8	1.047 5	1.051 7	1.059 1	1.119 9	1.152 8
C_{13}	0.602 0	0.618 5	0.651 9	0.658 4	0.671 4	0.675 3	0.701 3	0.760 8	0.782 2	0.806 7	0.813 6
C_{14}	0.635 4	0.679 7	0.737 7	0.813 1	0.847 6	0.936 1	0.958 8	0.967 3	1.039 0	1.104 4	1.176 2

对表 6-8 及表 6-9 进行可视化处理,得到图 6-7。

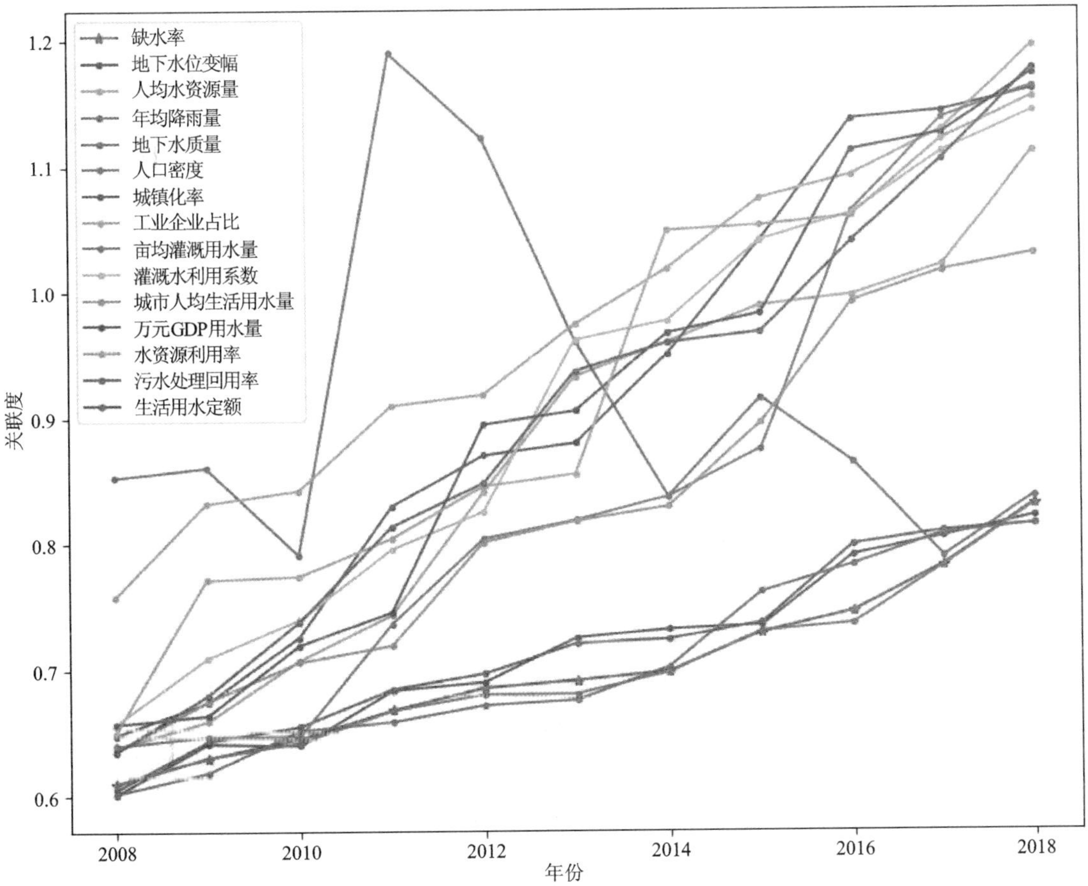

图 6-7 蒲口乡水资源风险灰色关联分析

将表 6-8 中的缺水率作为参考指标、表 6-9 中的 $C_1 \sim C_{14}$ 作为指标因素序列,建立灰色关联分析模型,可得到蒲口乡的缺水率与各风险评估因子的关联度(表 6-10)。

表 6-10 蒲口乡水资源风险灰色关联度

风险评估因子	C_1	C_2	C_3	C_4	C_5	C_6	C_7
关联度	0.981 2	0.681 5	0.792 6	0.986 3	0.989 7	0.818 4	0.511 5
关联序列	3	11	7	2	1	5	12
风险评估因子	C_8	C_9	C_{10}	C_{11}	C_{12}	C_{13}	C_{14}
关联度	0.799 7	0.482 1	0.770 1	0.771 1	0.487 0	0.953 6	0.765 1
关联序列	6	14	9	8	13	4	10

根据以上步骤可以得到高阳县其他地区的水资源风险灰色关联分析结果(表 6-11~表 6-17)。

表 6-11　晋庄镇水资源风险灰色关联度

风险评估因子	C_1	C_2	C_3	C_4	C_5	C_6	C_7
关联度	0.953 8	0.605 2	0.705 8	0.928 5	0.960 1	0.858 4	0.409 5
关联序列	2	11	8	4	1	5	14
风险评估因子	C_8	C_9	C_{10}	C_{11}	C_{12}	C_{13}	C_{14}
关联度	0.699 8	0.549 5	0.685 2	0.795 6	0.564 2	0.931 1	0.745 2
关联序列	9	13	10	6	12	3	7

表 6-12　小王果庄镇水资源风险灰色关联度

风险评估因子	C_1	C_2	C_3	C_4	C_5	C_6	C_7
关联度	0.893 5	0.752 2	0.725 4	0.941 1	0.895 6	0.845 5	0.603 2
关联序列	4	10	11	1	3	5	12
风险评估因子	C_8	C_9	C_{10}	C_{11}	C_{12}	C_{13}	C_{14}
关联度	0.801 5	0.562 2	0.752 5	0.801 6	0.398 8	0.905 0	0.810 2
关联序列	7	13	9	8	14	2	6

表 6-13　锦华街道办水资源风险灰色关联度

风险评估因子	C_1	C_2	C_3	C_4	C_5	C_6	C_7
关联度	0.967 8	0.726 6	0.781 6	0.970 8	0.975 2	0.802 0	0.545 6
关联序列	3	11	7	2	1	5	12
风险评估因子	C_8	C_9	C_{10}	C_{11}	C_{12}	C_{13}	C_{14}
关联度	0.645 2	0.542 4	0.852 8	0.752 6	0.545 7	0.965 4	0.698 5
关联序列	6	14	9	8	13	4	10

表 6-14　邢南镇水资源风险灰色关联度

风险评估因子	C_1	C_2	C_3	C_4	C_5	C_6	C_7
关联度	0.921 7	0.681 5	0.792 6	0.986 3	0.989 7	0.818 4	0.511 5
关联序列	4	11	7	2	1	5	12
风险评估因子	C_8	C_9	C_{10}	C_{11}	C_{12}	C_{13}	C_{14}
关联度	0.799 7	0.482 1	0.770 1	0.771 1	0.487 0	0.953 6	0.765 1
关联序列	6	14	9	8	13	3	10

表 6-15 西演镇水资源风险灰色关联度

风险评估因子	C_1	C_2	C_3	C_4	C_5	C_6	C_7
关联度	0.960 8	0.642 4	0.804 5	0.910 3	0.971 4	0.845 3	0.424 4
关联序列	3	11	7	4	1	5	12
风险评估因子	C_8	C_9	C_{10}	C_{11}	C_{12}	C_{13}	C_{14}
关联度	0.754 2	0.321 1	0.842 4	0.745 0	0.364 4	0.966 1	0.724 0
关联序列	8	14	6	9	13	2	10

表 6-16 庞口镇水资源风险灰色关联度

风险评估因子	C_1	C_2	C_3	C_4	C_5	C_6	C_7
关联度	0.899 6	0.714 2	0.826 4	0.981 9	0.945 0	0.850 6	0.424 2
关联序列	4	10	6	1	3	5	13
风险评估因子	C_8	C_9	C_{10}	C_{11}	C_{12}	C_{13}	C_{14}
关联度	0.698 4	0.254 2	0.754 2	0.743 2	0.464 5	0.969 5	0.777 2
关联序列	11	14	8	9	12	2	7

表 6-17 庞佐乡水资源风险灰色关联度

风险评估因子	C_1	C_2	C_3	C_4	C_5	C_6	C_7
关联度	0.948 8	0.599 4	0.799 8	0.911 0	0.975 9	0.724 3	0.524 1
关联序列	2	10	5	4	1	8	12
风险评估因子	C_8	C_9	C_{10}	C_{11}	C_{12}	C_{13}	C_{14}
关联度	0.696 9	0.399 4	0.527 7	0.788 0	0.442 1	0.933 5	0.773 7
关联序列	9	14	11	6	13	3	7

6.2.2 评估结果及分析

通过对 2008—2018 年高阳县各地区水资源评估因子的数据分析,高阳县水资源短缺风险等级呈现出相对稳定的态势,一直维持在中等风险状态。这 10 年间,气候变化和水利措施的影响导致了水资源总量的周期性波动,这也直接影响了水资源短缺风险的等级。在降雨量不稳定和水利设施不完善的情况下,水资源的变化趋势需要引起足够的关注,以便及时调整管理策略。

笔者从不同方面深入探究了影响高阳县水资源短缺的因素。结果显示,高阳县水资源受地下水位变幅、地下水质量、人口密度、污水处理回用率等几方面的影响较大(图 6-8~

图6-11)。总的来说,水资源总量是该县水资源短缺的主要决定因素,对缺水情况的影响最为显著,而水资源总量的增减受到降水量、河流水位等因素的影响,因此有效管理和保护水源地、加强水资源调配至关重要。另一方面,污水处理对周围人们的身体健康至关重要,虽然其在缓解水资源短缺方面影响较小,但仍需要加强管理。同时,未来高阳县的工业用水、生活及其他用水量将逐年增加,从而加剧缺水风险。工业发展和人口增长是主要的推动因素,这也需要有针对性地采取管理措施。建议高阳县政府在水资源管理方面加大力度,包括建立合理的用水配额制度、鼓励节水技术的应用、推进水资源调配等,以降低未来的缺水风险。

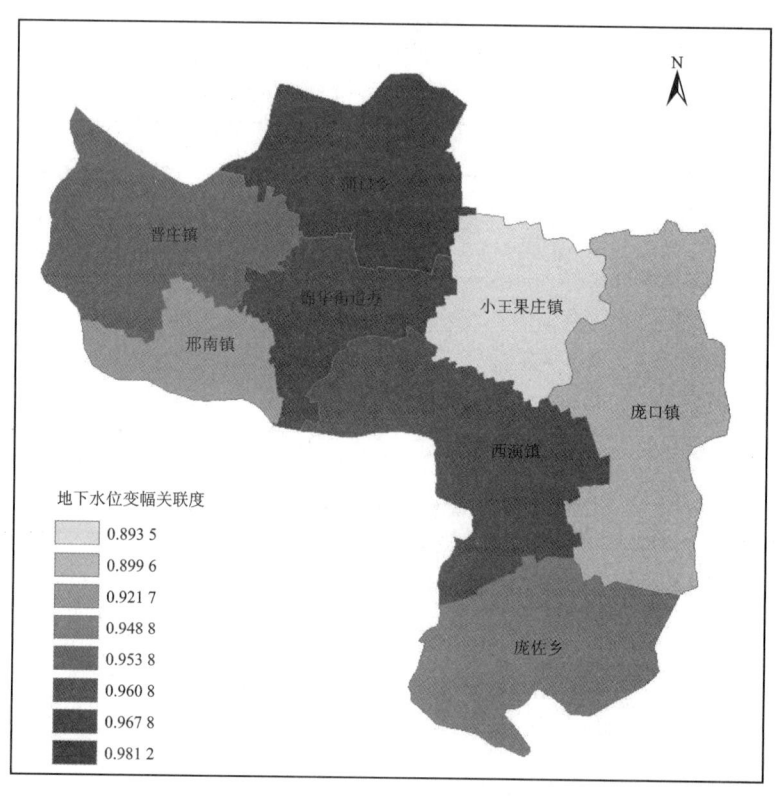

图6-8 地下水位变幅关联度

在非极端干旱年份,高阳县未来的水资源短缺风险等级相对乐观。为了确保水资源供应的可持续性,高阳县需要制订长远的规划,包括调整产业结构以减少用水需求、推动节水型社会的建设、加强水源地保护等。这需要政府、企业和社会各界的合作,以确保高阳县在未来能够应对水资源挑战。

第 6 章 水资源风险评估

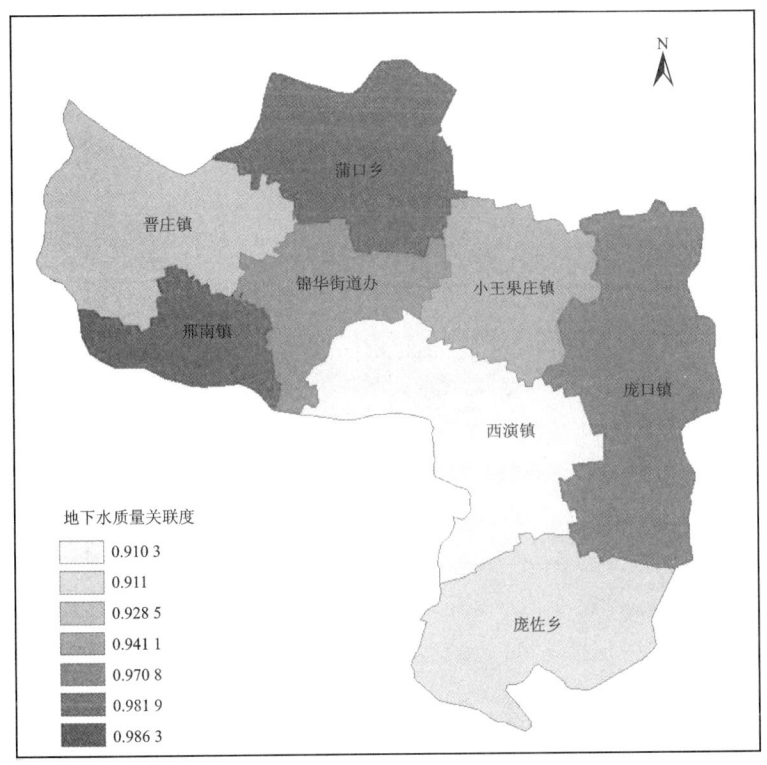

图 6-9 地下水质量关联度

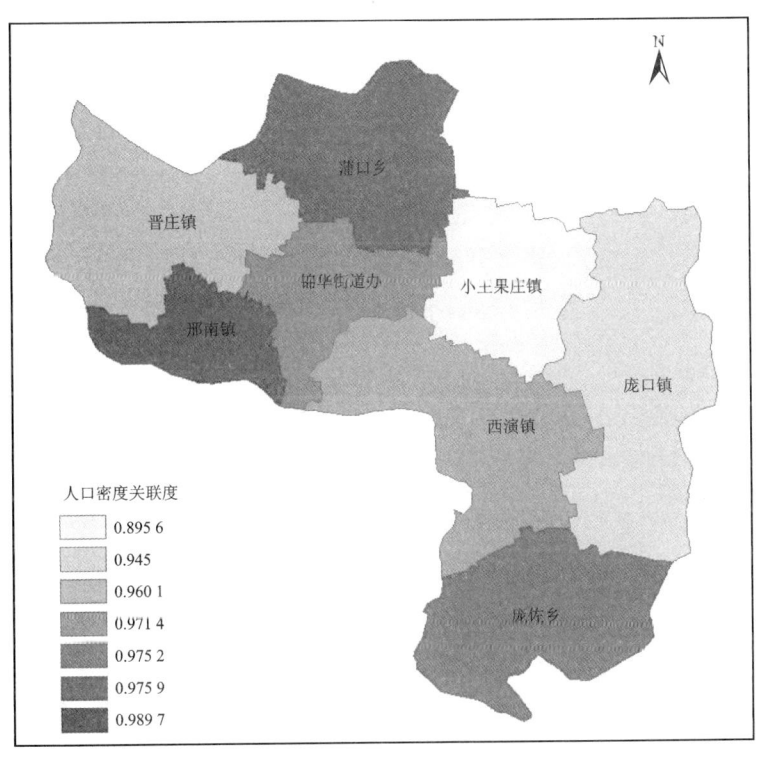

图 6-10 人口密度关联度

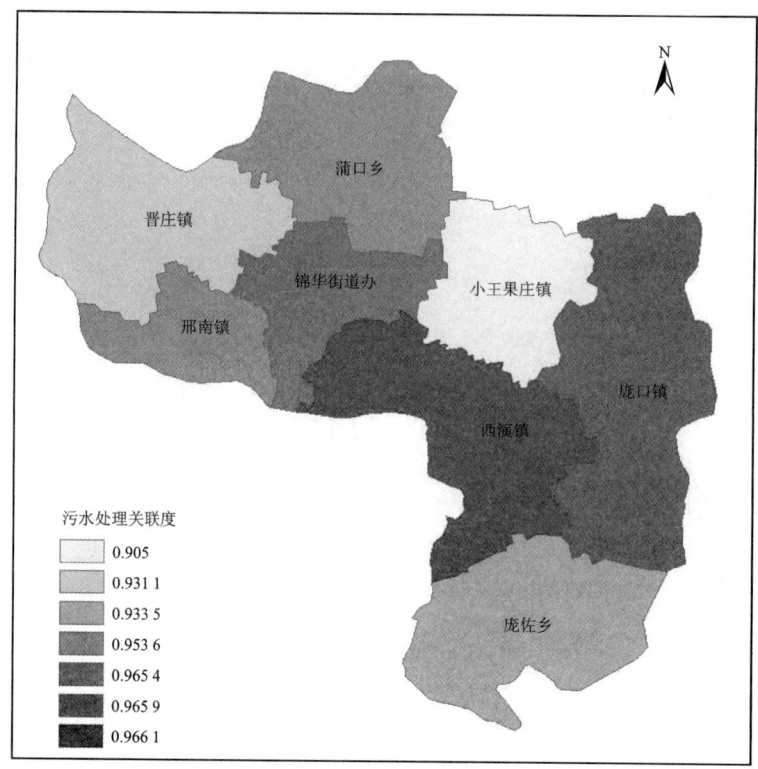

图 6-11 污水处理关联度

第7章 地质灾害风险评估

地质灾害定义为地球岩石圈地壳表层在大气圈、水圈和生物圈相互作用和影响下,地质环境或地质体由于自然地质作用或人为地质作用,而引发山体崩塌、滑坡、泥石流、地面塌陷、地裂缝、地面沉降等损害或破坏人类生命、物质财富或生态环境的灾害事件。开展区域地质灾害风险评估工作,其目的是减轻和消除地质灾害给人们带来的危害,其结果在减灾防灾中发挥了重要作用,指导了减灾工作,为国家经济规划和工程建设提供了重要依据。

空间分布指标的选取是区域地质灾害危险性分布特征的关键因素,恰当的影响因素能够使分析结果与实际更为吻合,以保障结果的有效性。高阳县主要的地质灾害包括地裂缝和地面沉降。针对高阳县平原区地质灾害孕灾环境及发育特征,分别考虑工作区内诱发地质灾害的自然因素和人为因素的影响程度,建立风险评估体系,开展地质灾害危险性评估,编制地质灾害危险性区划图。自然因素主要考虑区域稳定性和地质灾害发育程度,人为因素主要考虑为抽取地下水及人类活动强度。

7.1 层次分析法

7.1.1 评估因子分析

1. 评估因子选取准则

地质灾害区域危险性评估指标体系的建立主要是在野外地质调查的基础上,通过分析研究区地质灾害的类型、分布和发育规律、成因机制及发展演化趋势等,确定控制地质灾害孕育和发生的关键影响因素作为初选的评估指标。

地质灾害形成条件涉及的内容非常广泛和复杂。但是,在分析其危险性时,是不可能将所有反映地质灾害形成条件的要素都纳入危险性分析之中的。为了满足危险性分析的需要,应该以下列原则为依据进行指标的选取。

(1)系统性原则。区域地质环境是一个复杂的系统,它不但包括自然的地质环境因素,还包括触发因素和历史因素。因此,指标体系应尽可能全面、系统地反映研究区地质环境情况,符合研究区地质灾害危险性评估的要求,避免指标之间的重叠。评估目标和指标必须有机地联系起来组成一个层次分明的整体。

(2)分主次性原则。各种因素对地质灾害危险性的影响和作用不同,因此建立评估指标体系时要分清主次,对地质灾害危险性具有重要作用或直接关系的要素指标纳入危险性分析,舍去次要的、间接要素指标以提高评估工作的效率。分清主次关系,合理地确定评估指标,可以使危险性分析更加科学,更加明了。

(3)地域差异性原则。各地自然地理环境的差异决定了地质灾害的特征、灾害发生条件、各因素对灾害作用程度。因此,建立评估指标体系时就要充分考虑地域的差异,考虑当地自然地理特征,分析产生灾害的主要影响因素。不能盲目套用其他地区的地质灾害危险性评估指标。

(4)简明性和可操作性原则。强调指标的简明性和可操作性对区域地质灾害危险性评估这类复杂系统尤其重要。简明性就是评估指标尽可能地简单、明确,具有代表性。可操作性就是评估指标值可以通过实际勘察工作比较方便地获取。

2. 评估因子分析

人类工程活动和不合理的地下水开采,破坏了地质环境、生态环境,直接或间接地影响着地质环境的演变和地质灾害的形成与发展。近年来,由于人们频繁的工程活动,如修建水库、开山垦荒等,使得坡体植被破坏、水土流失,土体内部应力平衡破坏。平原区内地下水超采严重,进而引发平原区内地面沉降、地裂缝等地质灾害。本次评估主要从以下几个方面进行考虑。

1)分布密度

地质灾害的分布密度代表了地质灾害的发生概率。地质灾害往往具有群发性、灾害链等特点,已经发生了灾害的局部区域及其附近有可能复活形成新的地质灾害或者转而形成其他类型的地质灾害。分布密度越大,说明区域内发生地质灾害的概率越大,地裂缝发育程度图采用密度分布的表现形式,区域采用4km×4km的网格进行统计分析,依据每个网格地裂缝群数量进行发育程度分级。

2)发生强度

在相同环境条件下,地质灾害的规模大小是造成灾害损失多少的重要影响因素,规模越大,其潜在的危险性越高,依据《地质灾害危险性评估技术规范》(DB11/T 893—2012),将地面沉降按照沉降速率分为4个强度级别。

3)发生频率

地质灾害的发生频率反映了地质灾害活动的趋势,一些发生频率低、发生年代久远的地质灾害一般不会对人类构成太大的威胁,而近期发生频率高的地质灾害在多种因素的作用下极易再次危害周边地区。以上对评估因素指标的选取做了较为概括的分析和说明,需要指出的是,这些指标因素带有一定的普遍性,而针对具体评估区域时,因为客观条件的限制,很难采集到所有的指标数据,或者某些因子对研究区域的地质灾害能否发生所起的作用甚微,所以本次未采取相关指标进行评估。

高阳县地质灾害风险评估综合考虑灾害体区域稳定性(地形、地貌、工程地质条件、水文地质条件、构造、地震等)、灾害发育程度(地面沉降和地裂缝),以及人类活动强度(抽取地下水、人口密度、人均 GDP)及其相互作用后,对灾害发生的可能性、位置、程度等进行等级评估。

7.1.2 评估模型和方法

地质灾害风险评估就是对未来发生灾害可能性的一个预测、预报过程。地质灾害预测与预报都属于灾害评估的范畴。灾害预测是指评估区域内灾害发生的可能性,这是对灾害进行长期的空间预测。灾害预测的结果用灾害危险性分区图来表示,即根据灾害危险性程度不同将待评估区域划分为若干区域,便于土地规划利用和公用设施的建设,是早期预警系统和采取紧急措施的必要基础。

地质灾害危险程度通常可用危险性指数来表示,危险性指数越高,发生地质灾害的危险就越高,利用 GIS 技术对地质灾害进行危险性区划,是基于区域稳定性、地质灾害发育程度和人类活动影响区划图进行空间叠加分析,生成地质灾害风险区划图,具体公式为

$$R = a_1 \times A + a_2 \times B + a_3 \times C \tag{7-1}$$

式中:R 为危险指数;A 为区域稳定性指数;B 为地质灾害发育程度指数;C 为人类活动影响指数;a_1、a_2、a_3 为权重。

针对权重,本次工作主要采用层次分析方法,将地质灾害风险评估模型分为三层,从上到下第一层为目标层,即地质灾害的风险性,第二层为准则层,即区域稳定性、地质灾害发育程度和人类活动影响,第三层为对各个准则细化出的指标。以此为基础建立地质灾害风险评估层次模型,如图 7-1 所示。

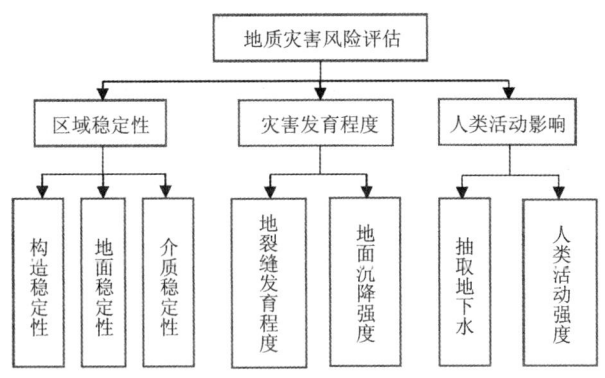

图 7-1 地质灾害风险评估层次模型

7.1.3 评估指标体系构建

7.1.3.1 指标构建

依据高阳县数据资料的来源情况,结合地质灾害现状,依据地质灾害风险评估层次模型,构建地质灾害风险评估指标体系,分为目标层、准则层、指标层,划分指标 10 个,见表 7-1。

表 7-1 地质灾害风险评估指标体系

目标层	准则层	指标层	二级指标	评估指标等级划分			
				低风险=1	中等风险=3	较高风险=4	高风险=5
地质灾害风险评估（A）	区域稳定性（B_1）	构造稳定性（C_1）	地震动峰值加速度（D_1）	≤0.05g	0.05～0.20g	0.20～0.40g	≥0.40g
			断裂带及其活动性（D_2）	断裂分布少,现今活动微弱	断裂活动分布较多,现今有过活动	活动断裂分布较多,现今活动较强	活动断裂分部密集,现今活动强
		地面稳定性（C_2）	地质地貌分区（D_3）	平原区,地形平坦	平原区,地形起伏较小	山前地区,地形地区相对较大	山区、丘陵地区,地形起伏大
			地形坡度（D_4）	<3	3～5	6～9	>10
		介质稳定性（C_3）	土体结构类型（D_5）	滨海海积软土和盐渍土夹淤泥质土及人工填土	平原冲洪积软土,砂土,粉土,少量黏性土夹泥质土	丘陵平原交互带,黏性土,砂土夹砾石,下面为基岩	基岩山区或者覆盖很薄的山区
	地质灾害发育程度（B_2）	地裂缝发育（C_4）	地裂缝发育程度（D_6）	不发育	低发育	中等发育	强发育
		地面沉降（C_5）	地面沉降强度（D_7）/mm	−10～10	10～30	30～50	>50
	人类影响（B_3）	抽取地下水（C_6）	地下水开采模数（D8）/($10^4 m^3 \cdot km^{-2}$)	10～20	20～30	30～40	40～50
		人类活动强度（C_7）	人口密度（D9）/(人·m^{-2})	<400	400～600	600～1000	>1000
			人均GDP（D10）/万元	<2	2～3	3～4	>4

7.1.3.2 因子权重计算结果

评估因子的权重按照 AHP 法计算过程见下表。

(1)$A\text{-}B$ 判断矩阵、权重及层次排序见表7-2。

表7-2　$A\text{-}B$ 判断矩阵、权重及层次排序

A	B_1	B_2	B_3	W
B_1	1.00	0.67	2.00	0.346 9
B_2	1.50	1.00	2.00	0.454 6
B_3	0.50	0.50	1.00	0.198 5

注：$\lambda_{\max}=3.018\ 2, CR=0.022\ 5<0.10$。

一致性检验通过，得出结论：所构造的判断矩阵具有满意的一致性，说明权重分配合理。

(2)$B_1\text{-}C$ 判断矩阵、权重及层次排序见表7-3。

表7-3　$B_1\text{-}C$ 判断矩阵、权重及层次排序

B_1	C_1	C_2	C_3	W
C_1	1.00	3.00	0.67	0.372 2
C_2	0.33	1.00	0.33	0.140 8
C_3	1.50	3.00	1.00	0.486 9

注：$\lambda_{\max}=3.013, CR=0.016<0.10$。

一致性检验通过，得出结论：所构造的判断矩阵具有满意的一致性，说明权重分配合理。

(3)$B_2\text{-}C$、$B_3\text{-}C$ 判断矩阵、权重及层次排序分别见表7-4、表7-5。

表7-4　$B_2\text{-}C$ 判断矩阵、权重及层次排序

B_2	C_4	C_5	W
C_4	1.00	1.50	0.6
C_5	0.67	1.00	0.4

表7-5　$B_3\text{-}C$ 判断矩阵、权重及层次排序

B_3	C_6	C_7	W
C_6	1.00	2.00	0.67
C_7	0.50	1.00	0.33

(5)最终计算出的各指标层权重见表7-6。

表7-6　各指标层权重总排序

	B_1	B_2	B_3	综合权重
C_1	0.372 2			0.129 1
C_2	0.140 8			0.048 8
C_3	0.486 9			0.168 9

续表 7-6

	B_1	B_2	B_3	综合权重
C_4		0.6		0.272 8
C_5		0.4		0.181 8
C_6			0.67	0.132 9
C_7			0.33	0.065 6

7.1.3.3 地质灾害发育程度分区

利用 GIS 的空间分析功能对地裂缝分布图(图 7-2)及地面沉降强度分区图(图 7-3)进行矢量叠加,根据评估因子权重及指标赋值进行计算,并对计算结果采用分级赋值法,生成地质灾害发育程度分区图(图 7-4)。

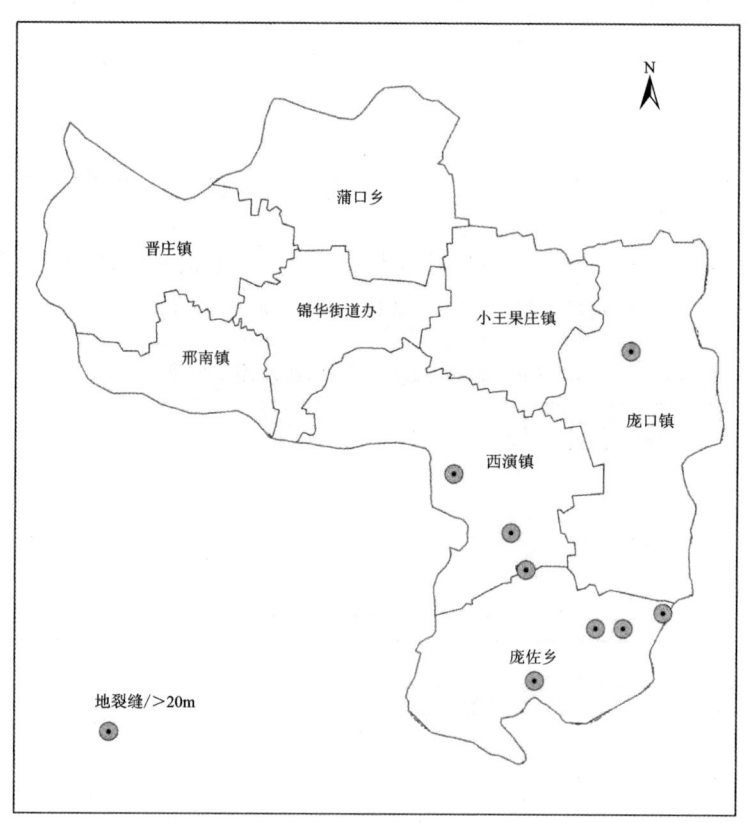

图 7-2 地裂缝分布图

依据地质灾害发育程度分级,高阳县可以分为 3 种类型:高发育程度区、中等发育程度区、低发育程度区,全县地质灾害发育程度相对较高,高发育程度区主要分布于高阳县大部分区域,主要原因是地面沉降表现为严重沉降区域,地裂缝属于中等发育程度;地质灾害中等发育程度区主要分布于高阳县的西北方向,地貌单元上属于拒马河冲洪积扇前缘,主要诱因为地裂缝高发。

第7章 地质灾害风险评估

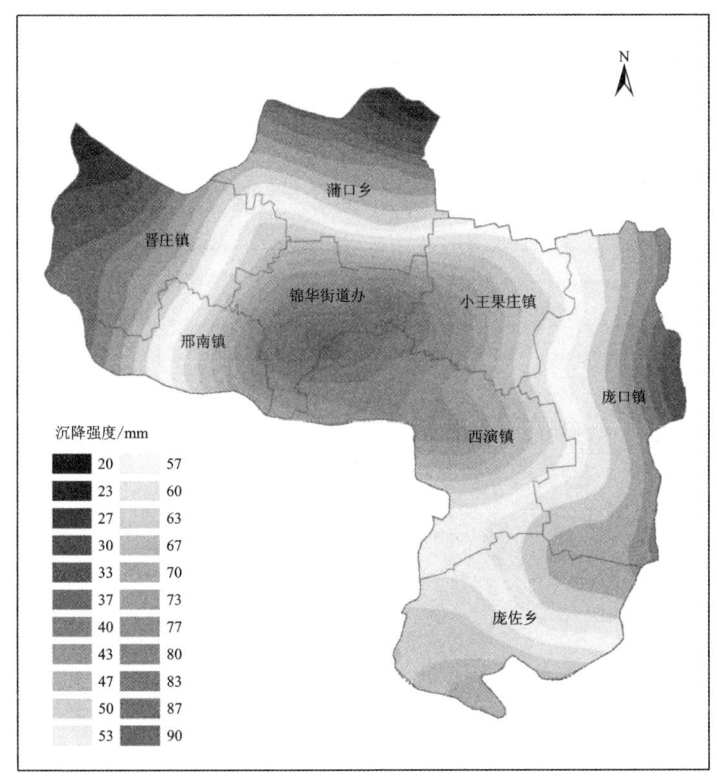

图 7-3 地面沉降强度分区图

图 7-4 地质灾害发育程度分区图

7.1.4 评估结果及分析

将研究对象进行叠加分析。通过对区域稳定性评估分区计算成果、人类影响强度图(图7-5)成果与地质灾害发育程度图叠加,重采样分级,由于自然边界更能显示环境的真实情况,所以沿用自然单元划分规则,依据GIS的空间分析功能确定最后的风险分区图(图7-6)。

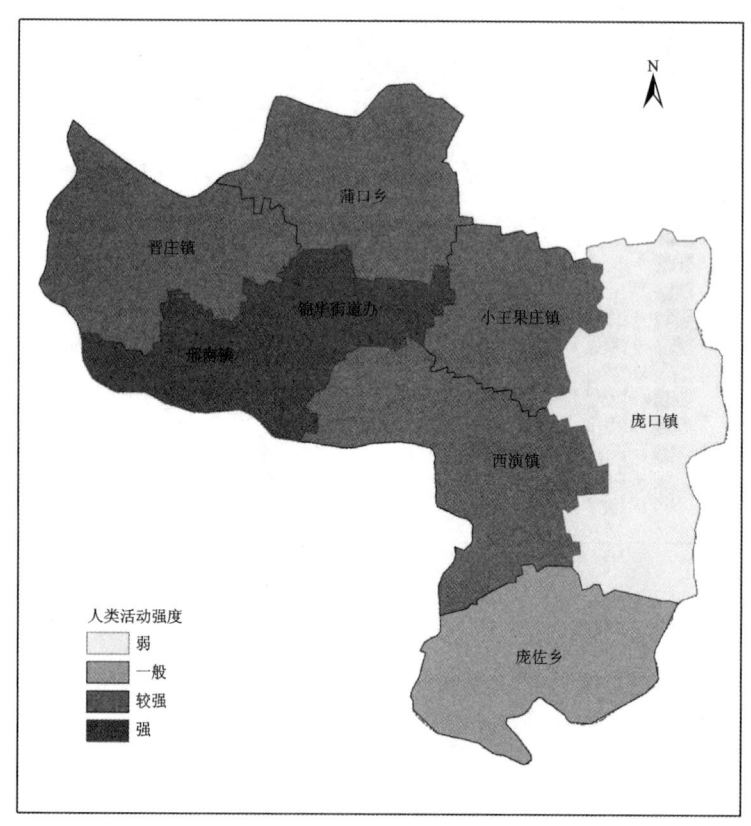

图 7-5　人类影响强度图

通过地质灾害风险分区图(图7-6)的结果可以看出,高阳县全区地质灾害风险整体较高,高风险区域集中在锦华街道办、小王果庄镇、西演镇、庞佐乡大部分区域,邢南镇东部区域及庞口镇西部区域,总面积218.9km²,占总评估面积的49.6%,风险较高的主要原因是地面沉降,此3个区域地面沉降年平均速率都超过50mm,属于严重沉降区域及地裂缝高发区,同时也是地下水开采较为强烈的区域;地质灾害中等危险区主要位于庞口镇大部分地区,邢南镇、晋庄镇、蒲口乡部分区域,呈条带状自西向东南展布,面积达到141.7km²,占总评估面积的32.1%,主要原因是地面沉降,其次本区的土体结构主要为单一粉土结构,土体结构稳定性相对较低;低风险区面积为80.8km²,占总面积的18.3%。

地质灾害风险评估为了解地质灾害情况、防灾减灾、优化防灾措施等提供了重要依据,本节建立了空间地质灾害风险的评估体系,在高阳县经济快速发展的背景条件下,本次评估成果查明了高阳县地质灾害风险分布规律,为高阳县发展及交通规划提供地质支撑,为国家重大政策及规划提供依据。

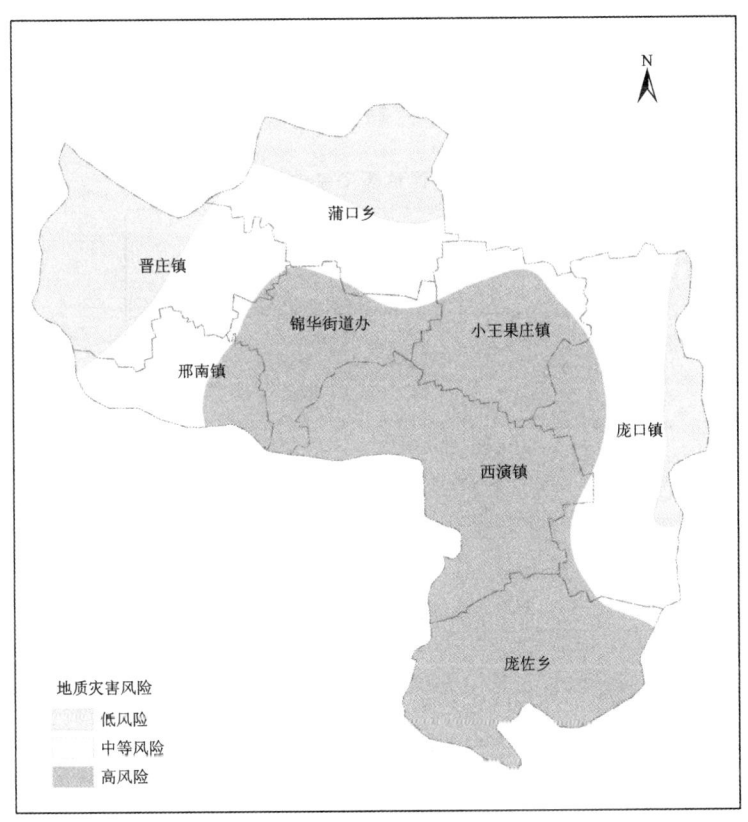

图 7-6 地质灾害风险分区图

7.2 案例式推理法

地质灾害是一种常见且具有广泛影响的自然灾害,对人类社会和经济发展造成巨大威胁。地质灾害风险评估能够揭示不同影响灾害发生因素之间的关系,以更好地预测和减轻地质灾害带来的风险。然而,由于地质灾害的复杂性和不确定性,传统的评估方法可能无法准确预测各种因素的风险。本书采用灰色关联分析法来分析风险因子,并对高阳县不同区域的地质灾害进行风险评估,这种方法能够很好地处理小样本、非线性和缺乏足够数据的各种地质情况。我们利用灰色关联分析法比较指标的发展趋势曲线相似度,即灰色关联度,来判断指标之间的关联程度。在地质灾害风险评估中,灰色关联分析法可以用于分析不同的影响因素对地质灾害易损性的影响程度。该方法可以帮助确定哪些因素更可能导致地质灾害,以及它们对灾害的影响程度,从而更好地指导减灾决策。

本书利用层次分析法获取的地质灾害风险评估因子作为指标序列,以高阳县地质灾害发生次数作为参考序列,通过分析二者之间的关联度来确定各因子的灰色风险关联度。其中,指标序列中不具有实际数据的因子按照层次分析法赋予的风险等级进行量化,如地面稳定性、介质稳定性等。这样一来,就能够确定不同因素对地质灾害风险的影响程度,为将来地质灾害防范做出参考性指导。

7.2.1 属性关联度的计算

利用层次分析法获取的三级指标地质灾害风险评估因子综合权重值见表7-7。

表7-7 评估因子权重分配

B	W
C_1	0.129 1
C_2	0.048 8
C_3	0.168 9
C_4	0.272 8
C_5	0.181 8
C_6	0.132 9
C_7	0.065 6

高阳县地质风险评估因子无量纲化处理见表7-8。

表7-8 风险评估因子无量纲化处理

年份	地质灾害发生次数	C_1	C_2	C_3	C_4	C_5	C_6	C_7
2008	0.502 2	0.291 3	0.391 3	0.244 6	0.593 6	0.536 5	0.608 5	0.217 2
2009	0.511 1	0.390 9	0.404 3	0.289 8	0.599 5	0.557 5	0.615 5	0.361 4
2010	0.526 7	0.547 5	0.320 1	0.406 2	0.608 1	0.581 3	0.630 5	0.399 7
2011	0.540 0	0.422 5	0.497 6	0.711 9	0.611 1	0.583 4	0.682 5	0.582 8
2012	0.601 9	0.806 5	0.562 5	0.796 2	0.646 5	0.601 9	0.701 5	0.714 4
2013	0.638 2	0.939 3	0.468 8	0.841 5	0.663 4	0.618 7	0.752 4	0.862 4
2014	0.688 3	0.820 1	0.737 7	0.965 2	0.713 7	0.638 7	0.801 2	0.878 9
2015	0.690 3	1.143 0	0.784 5	1.137 4	0.735 8	0.652 4	0.821 4	1.132 9
2016	0.732 6	1.303 9	0.654 8	1.167 6	0.751 1	0.719 4	0.856 8	1.267 9
2017	0.749 0	0.844 6	1.188 4	1.215 3	0.759 7	0.752 6	0.860 8	1.336 1
2018	0.797 0	1.382 2	1.340 5	1.244 5	0.796 7	0.760 4	0.951 2	1.372 4

对表7-8进行可视化分析,可得图7-7。

建立灰色关联分析模型,可得各风险评估因子与地质灾害发生的关联度(表7-9)。

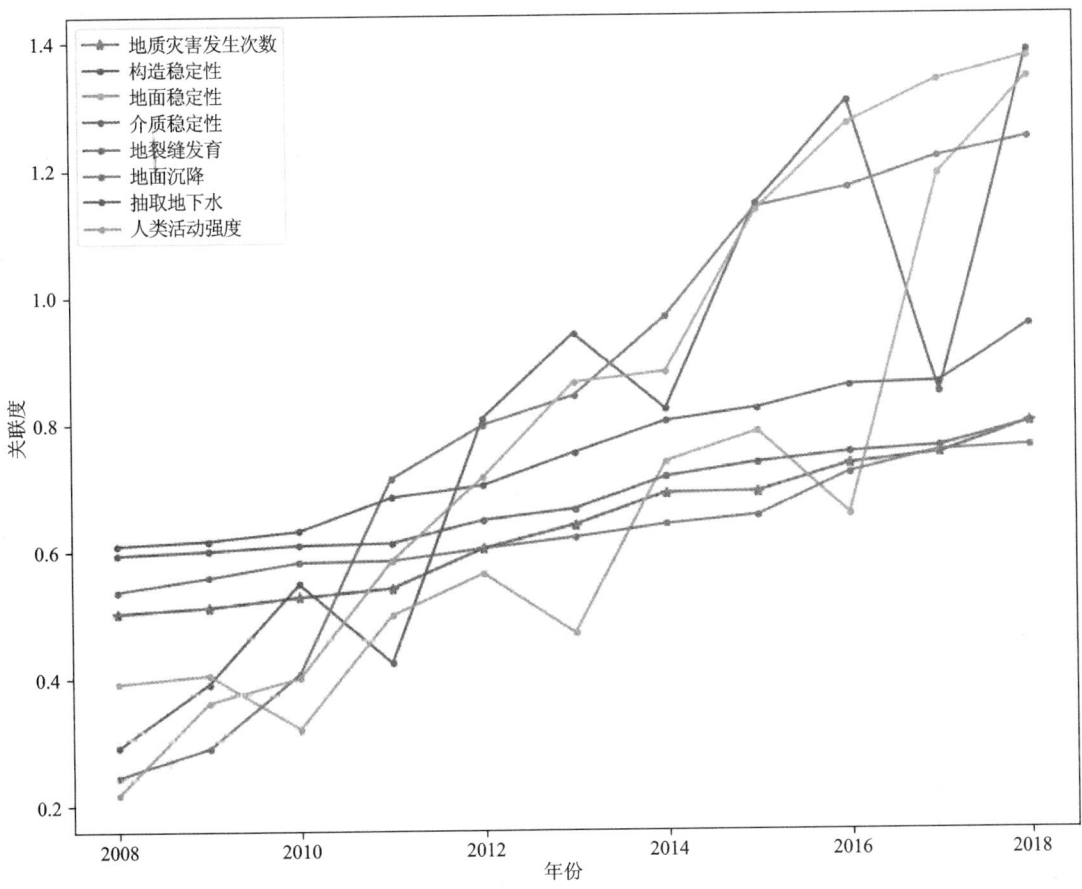

图 7-7　蒲口乡地质灾害风险灰色关联分析

表 7-9　蒲口乡地质灾害风险灰色关联度

	C_1	C_2	C_3	C_4	C_5	C_6	C_7
关联度	0.602 2	0.844 2	0.466 3	0.780 7	0.880 4	0.715 5	0.699 1
关联序列	6	2	7	3	1	4	5

根据上述步骤可得高阳县其他地区的地质灾害风险因子关联度(表 7-10～表 7-16)。

表 7-10　晋庄镇地质灾害风险灰色关联度

	C_1	C_2	C_3	C_4	C_5	C_6	C_7
关联度	0.636 1	0.801 8	0.453 6	0.772 7	0.750 4	0.820 5	0.706 2
关联序列	6	2	7	3	4	1	5

表 7-11　小王果庄镇地质灾害风险灰色关联度

	C_1	C_2	C_3	C_4	C_5	C_6	C_7
关联度	0.578 1	0.850 8	0.320 8	0.797 9	0.866 5	0.840 8	0.602 1
关联序列	6	2	7	4	1	3	5

表 7-12　锦华街道办地质灾害风险灰色关联度

	C_1	C_2	C_3	C_4	C_5	C_6	C_7
关联度	0.463 8	0.850 5	0.521 9	0.782 7	0.968 8	0.954 6	0.923 8
关联序列	7	4	6	5	1	2	3

表 7-13　邢南镇地质灾害风险灰色关联度

	C_1	C_2	C_3	C_4	C_5	C_6	C_7
关联度	0.575 7	0.425 4	0.875 7	0.434 3	0.854 3	0.970 6	0.921 8
关联序列	5	6	3	7	4	1	2

表 7-14　西演镇地质灾害风险灰色关联度

	C_1	C_2	C_3	C_4	C_5	C_6	C_7
关联度	0.637 7	0.856 4	0.755 7	0.284 6	0.889 6	0.784 8	0.702 9
关联序列	6	2	4	7	1	3	5

表 7-15　庞口镇地质灾害风险灰色关联度

	C_1	C_2	C_3	C_4	C_5	C_6	C_7
关联度	0.543 2	0.797 5	0.344 4	0.678 2	0.750 6	0.720 5	0.699 8
关联序列	6	1	7	5	2	3	4

表 7-16　庞佐乡地质灾害风险灰色关联度

	C_1	C_2	C_3	C_4	C_5	C_6	C_7
关联度	0.757 7	0.843 5	0.446 4	0.789 4	0.602 8	0.685 8	0.630 2
关联序列	3	1	7	2	6	4	5

7.2.2　评估结果及分析

根据高阳县的灰色关联分析结果,该地区的地质风险主要受到地面稳定、地面沉降、地下水抽取和人类活动强度的影响(图 7-7~图 7-11)。如锦华街道办、小王果庄镇等地的地面沉降与地质灾害的关联度达到了 0.95 以上,这说明该地区存在严重的地面沉降问题,应及时采取有效措施。高阳县需要建立起科学的地下水管理体系,制订合理的地下水开采计划,以及监测地下水位和水质,确保地下水的可持续利用。

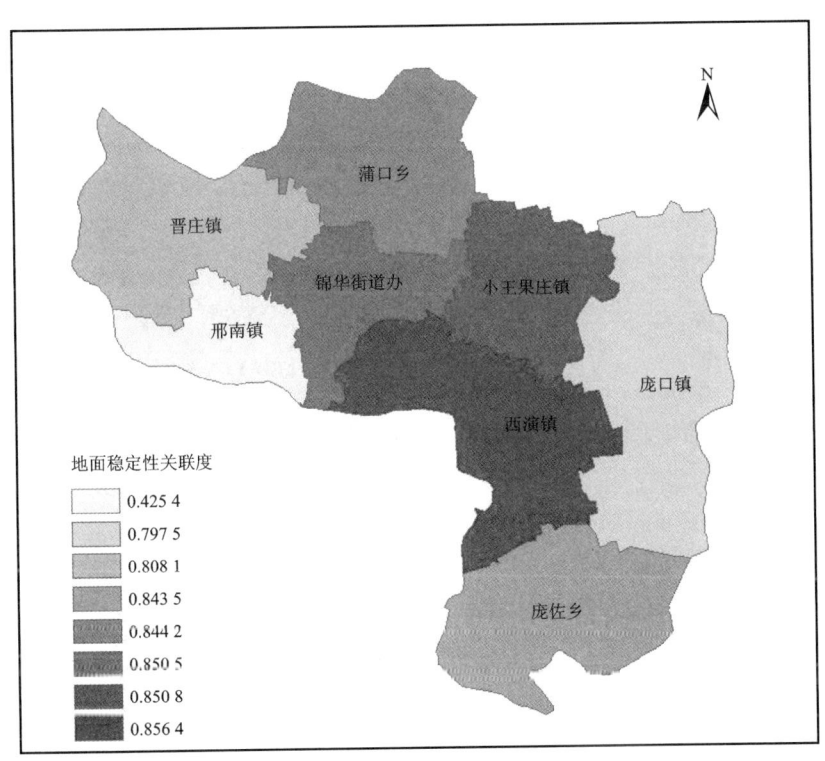

图 7-7　地面稳定性关联度

由于地下水抽取对地下岩层的影响较大,会使岩石溶解、空隙扩大,最终导致地表沉降。因此,首先应加强地下水抽取的监管,限制过度开采,制定地下水资源管理条例,设立地下水开采许可制度,对地下水开采进行严格管控。通过地下水位监测,及时发现地下水位下降情况,鼓励推广节水技术,减少对地下水的依赖。其次可以考虑在地面沉降较为严重的地区实施地下水补给工程,增加地下水的补给量,从而减缓地表沉降速度。此外,邢南镇等地的人类活动与地质灾害的关联度较高,是引发地质灾害的主要因素。人类活动如建设、挖掘等会改变地质环境,增加地质灾害发生的概率。为了降低地质风险,应该加强土地规划和建设管理,禁止在高风险区域进行不适宜的开发活动,确保人类活动与地质环境的协调。考虑到不同区域的地质风险程度不同,高阳县应根据分析结果将区域划分为不同的风险等级,制订相应的应急预案。对于风险较高的中部及南部地区,应加强基础设施建设,提升灾害应对能力,确保居民安全。

综上所述,根据高阳县地质风险的分析结果,在锦华街道办、小王果庄镇等地,应着重关注地面沉降问题,采取监管和工程手段来减缓地面沉降速度。同时,应加强地下水管理,限制过度开采,确保地下水资源的可持续利用。

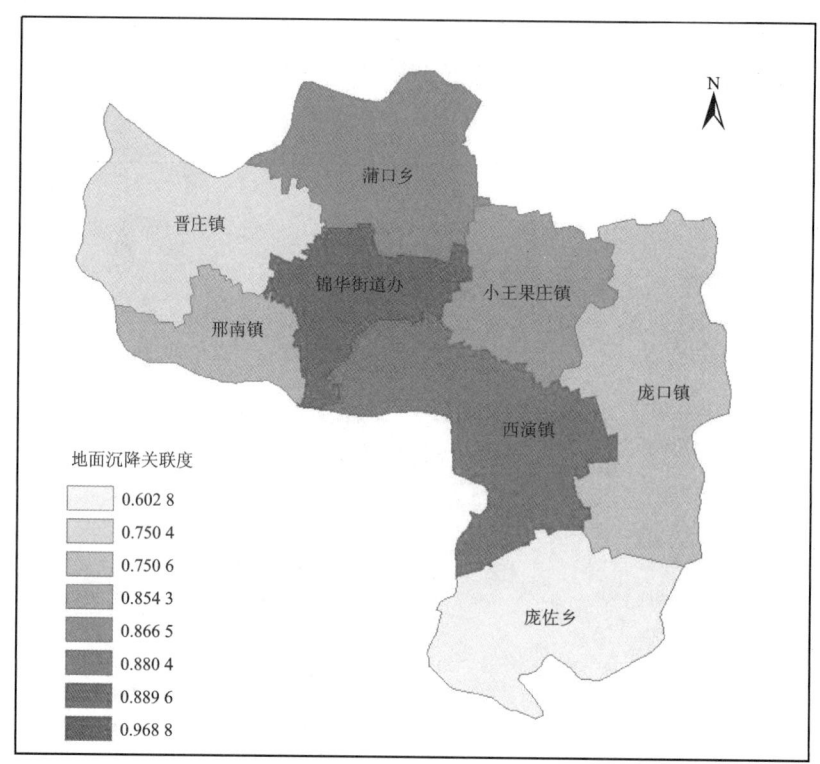

图 7-8 地面沉降关联度

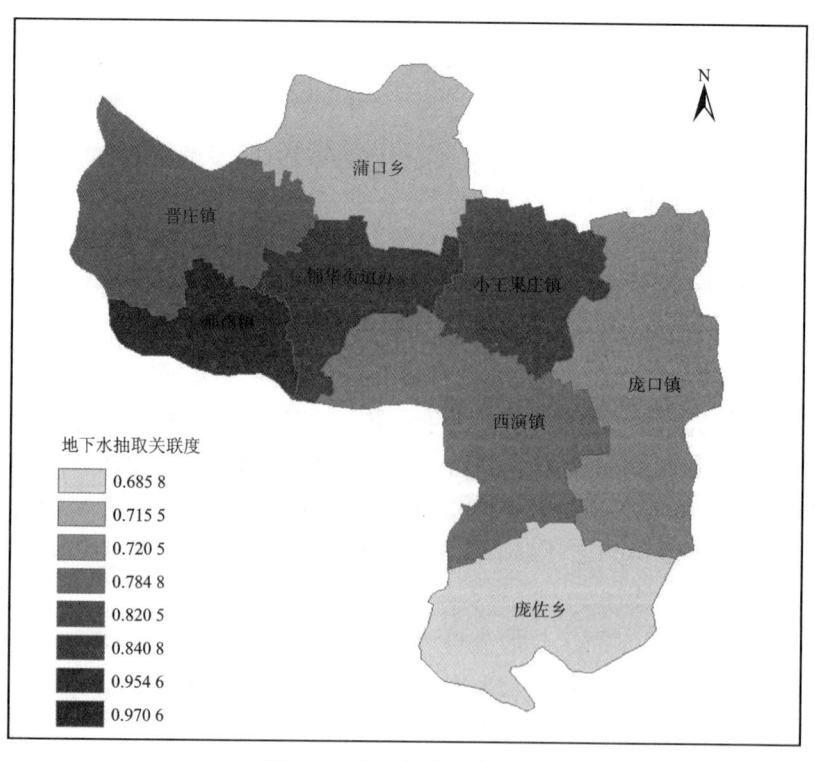

图 7-9 地下水抽取关联度

第7章 地质灾害风险评估

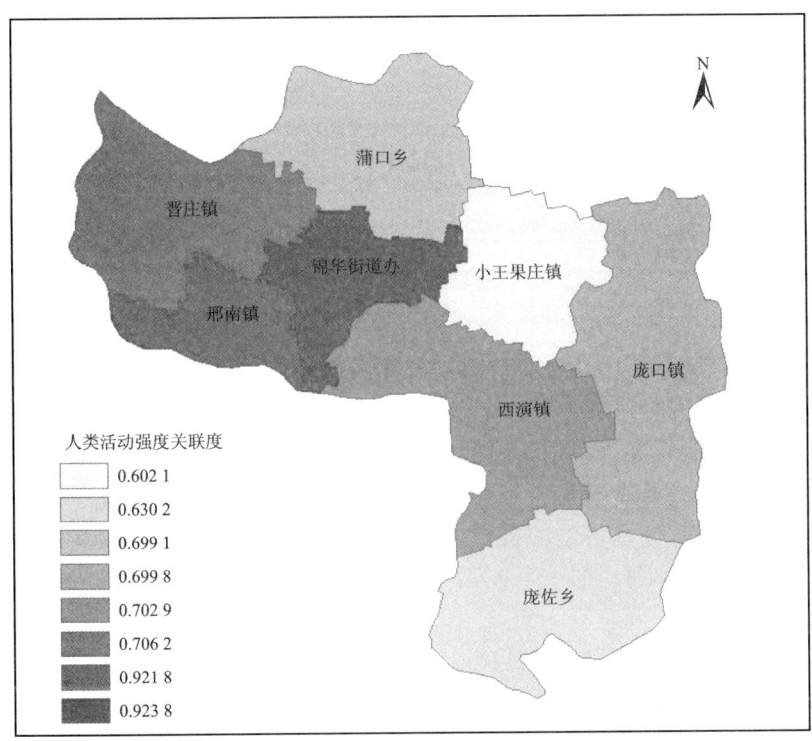

图 7-10 人类活动强度关联度

第 8 章 生态环境风险评估

生态环境风险评估是一个或多个胁迫因素影响后,对不利的生态后果出现的可能性进行的评估,是生态安全研究的重要内容,因其能为风险管理提供科学依据与技术支持,有效指导区域生态环境问题的管理和决策而得到迅速发展。开展生态环境风险评估研究对维护区域生态安全,保障区域可持续发展具有重要意义。指标体系作为系统的抽象和概括,是生态环境风险评估的基石,指标体系构建的科学性和可操作性决定了评估结果的真实性和可行性。环境风险评估是环境影响评估的一个重要分支,它主要分析评估环境中各种因素从而讨论环境潜在危险。

生态环境风险评估包括3个部分:风险识别、风险评估和风险管理。具体地说:风险识别即认识环境风险,并设法定义风险特征,在其不利后果发生前确定风险。风险识别是进行环境评估工作的第一步,在这个阶段,需要定性地预测可能发生的危险。风险评估就是对环境风险可能后果和容许程度做出判断。在这个阶段,需要比较风险,选择方法,定量地预测风险。风险管理按美国国家科学院定义,是根据评估结果,做出环境行动决策的分析判断过程。美国国家环保局在实际工作中,提出环境风险管理有两个目标:一是确立应该控制的质量下降风险重点;二是对确定的风险重点,采取适当的措施。

8.1 关键要素分析

识别导致生态环境风险的影响因子,即对所有可能的因素"过筛",暂时放弃影响不明显的因素,而将那些主要影响因素筛选出来,进入下一个程序继续研究,这是生态环境风险评估的重要步骤。造成生态破坏的灾害性事件多为外界胁迫因素与系统内部生态结构不稳定性因素共同作用的结果,因此生态环境风险的影响因素一般可分为内在因素和外在因素。

8.1.1 内在因素分析

内在因素是指导致风险源产生及影响其等级大小的因素,区域风险源的形成原因主要有气象因素,如暴雨导致洪涝灾害;其次是水文因素,如河流湖泊的季节性水位变化导致干旱等;最后是人口因素,人口数量的增多导致资源的消耗量增大,也会相应地增大风险源的等级。

8.1.2 外在因素分析

外在因素是指风险源发生后,对其导致的生态环境风险大小有重要影响的因素。外在因素主要有:①生态系统类型:面对同一风险源,生态系统类型不同,生态环境风险大小也不同,如森林、湿地由于其良好的水源涵养能力，系统稳定性较好，同样等级自然风险源下的生态环境风险小于农田、城镇和生态破坏较严重的山区。此外，生物多样性和物种重要性也会影响生态环境风险的大小。②地域因素：区域的地形地貌对自然风险源的等级和生态环境风险的大小有很大影响，如果地表起伏度大，排涝方便，相对发生洪涝灾害的可能性就小。③经济因素：经济条件的优劣、环境保护资金和资源投入的力度均会影响到自然生态风险，如区域经济发展资源压力大，相当于增大了同样大小生态环境风险的社会经济影响，转变经济增长方式，大力发展生态农业、清洁型工业等将有助于降低资源和环境压力，降低生态环境风险。④社会因素：影响生态环境风险的社会因素主要指生态环境风险防御机制的实施、卫生医疗救助条件等，通过增加公共教育、科技、医疗卫生等的投入，增强救助能力，提高生态环境保护意识，将会很大程度地降低生态环境风险。

8.2 评估指标体系

风险度是区域生态环境风险的表征，包含风险源的强度、风险受体的特征、风险源对受体的危害等信息。在以往生态环境风险评估研究的基础上，借鉴灾害评估研究方法，从风险源的危险性和生态系统的脆弱性两方面考虑选取指标构建区域生态环境风险评估指标体系，用于表征区域生态环境风险的大小，具体见图8-1。

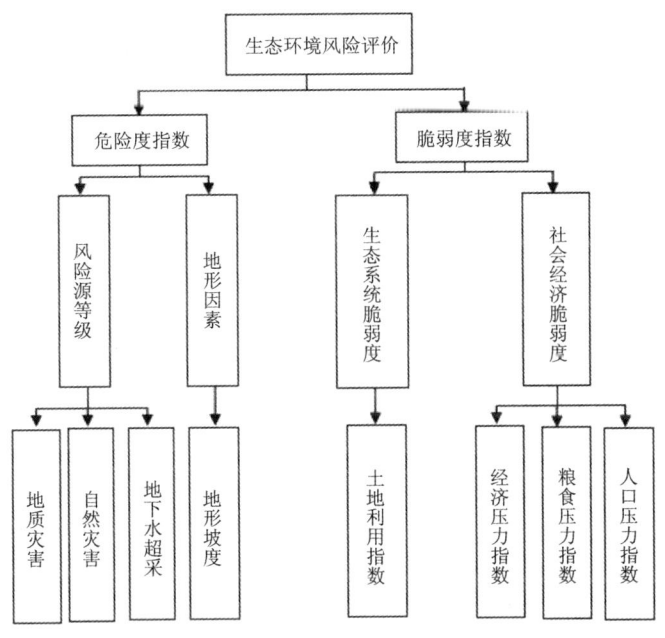

图8-1 生态环境风险评估模型

8.2.1 危险度评估指标

危险度评估是现代风险管理的重要组成部分，旨在量化和分析不同风险源对特定区域的潜在危险程度。为了实现有效的风险管理和应急准备，危险度评估需要依赖于科学且全面的评估指标体系。本书将介绍一种基于因素分析的危险度评估方法，并探讨其中涉及的评估指标、不同风险源的差异,以及风险评估的个性化问题。因素分析是一种常用的统计方法,用于识别一组变量背后的潜在因素,并通过这些因素来解释变量之间的关系。在危险度评估中,运用因素分析来探究风险源的发生及其影响等级背后的潜在因素,从而更准确地解释和评估变量间的相互关系及其对危险度的具体影响。通过将多个影响因素结合起来,我们可以更准确地评估风险的综合影响,从而提高评估的可信度和准确性。

危险度评估所需的指标应涵盖多个维度,以全面评估风险源的危险程度。首先,自然和人为灾害是重要的评估因素。自然灾害如地震、洪水等与人为灾害如工业事故、交通事故等都可能对区域造成严重影响。其次,地形影响度也应被考虑。不同地形条件可能会对灾害的扩散和影响产生显著影响。另外,生态类型也是一个重要因素,因为生态系统的稳定性和脆弱性将影响风险发生后的恢复与抵抗能力。危险度的确定在不同风险源之间存在差异,这取决于具体风险源的形成机理和作用过程。不同的风险源可能具有不同的影响路径和扩散机制,因此,在评估过程中需要针对每种风险源的特点进行个性化的分析。例如,地震的影响范围和强度与地质构造紧密相关,而化学事故的影响范围和强度可能更依赖于风向和气象条件。

在进行风险评估时,应根据具体风险源的特点进行个性化的指标删减和补充。这意味着评估指标体系应该具有一定的灵活性,能够根据不同的风险源进行调整。例如,在评估自然灾害时,地震频率和地质条件可能是重要的指标,而在评估人为灾害时,事故的可能性和后果应更为突出。危险度评估是预防和应对灾害的重要手段,它为决策者提供了科学的依据,以制定有效的风险管理策略。通过采用因素分析方法,我们可以综合考虑多个影响因素,更准确地评估风险源的危险程度。评估指标的多维度考量,确保了评估的全面性和全局性。

8.2.2 脆弱度评估指标

不同区域生态风险的高低与该区域自身生态系统的脆弱性有关。脆弱性是指生态系统对自然灾害或人类活动干扰的敏感性及对干扰的恢复能力,表现为在外部因素的干扰下,环境、经济和社会系统倾向于损害或退化的程度,包括经济脆弱性、生态脆弱性和社会脆弱性3个方面,其中生态环境脆弱性最为重要。生态环境脆弱性主要包括系统敏感度、生态干扰度、生态指数、生态系统抵抗力。系统敏感度是指生态系统对人类活动反应的敏感程度,用来反映产生生态失衡与生态环境问题的可能性大小,生态系统敏感性越强,系统越脆弱。生态干扰度(hemeroby)这一概念由德国生态学家Sukopp首次提出,是人类过去所有有意识和无意识地对土地和植被施加的干扰的一个总的量度,这一量度的不同强度等级,即为生态干扰度。生态指数反映了不同生态系统的生态意义和重要地位。

本书中关于生态系统脆弱度,选择了土地利用指标来表征。根据土地利用类型来区别生态系统的敏感性、抵抗力、干扰度和生态指数。城镇住宅用地、农村宅基地、公共设施用地、工业用地、仓储用地、道路、各种基础设施用地划为生态脆弱度高的区域,因为在社会经济基础条件和人为影响的干扰下,成分简单的城市生态系统敏感度更高,抵抗力更弱,更容易受到外界的干扰。将高阳境内的生态敏感带(图8-2)和蓄滞洪区(图8-3)划为生态脆弱度高的区域,其中生态敏感带是潴龙河堤两侧划定的500m的绿带、孝义河东侧划定的500m的绿带,以及小白河两侧50m的绿带范围。蓄滞洪区范围为唐河南四门堤、淀南新堤范围内合围区域。生态敏感带及蓄滞洪区小于8.5m淹没线范围的蓄滞洪区范围生态敏感度高,抵抗力弱,生态脆弱度高。

第 8 章 生态环境风险评估

图 8-2 生态敏感带

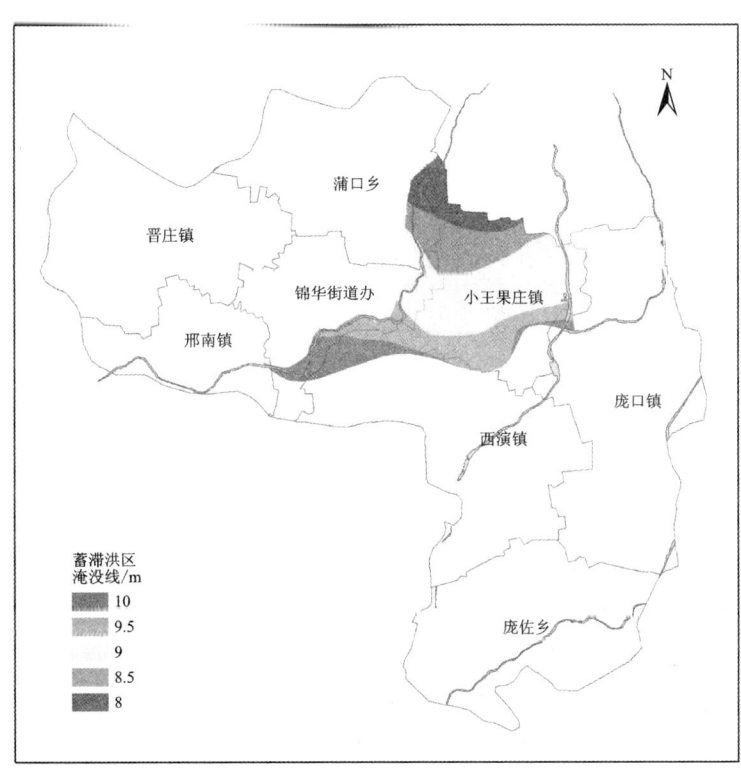

图 8-3 蓄滞洪区（唐河南四门堤—淀南新堤）

将林地、草地、滩涂等划为生态系统脆弱度低的区域,主要是因为这些生态系统的生物多样性高,系统种类丰富,结构复杂,生产力高,系统稳定,抗干扰的适应恢复能力强。将耕地、园地、绿地和公园划为生态系统脆弱度中等的区域,因为这些区域生态指数略低、人为投入管理较多而综合生态脆弱度较低。

社会经济脆弱度指数选择了经济资源压力指数、损失风险度两项指标。经济资源压力指数反映了社会经济发展对资源的需求进而对生态环境脆弱性的压力,主要由人口数量、粮食产量、GDP决定。损失风险度反映了生态环境风险发生后可能会造成的损失大小,与脆弱度指数成正比,主要由人口密度和人均国内生产总值决定。

本次工作将生态环境风险评估指标体系分为目标层、准则层、指标层,最终划分二级指标8个,见表8-1。

表8-1 生态环境风险评估指标体系

目标层	准则层	指标层	二级指标层	评估指标等级划分		
				低风险=1	中等风险=3	高风险=5
生态环境风险评估（A）	危险度（B_1）	（C_1）风险源等级	（D_1）地质灾害	低风险	中等风险	高风险
			（D_2）自然灾害	Ⅳ级	Ⅲ级	Ⅱ级和Ⅰ级
			（D_3）地下水超采	未超采	一般超采	严重超采
		（C_2）地形因素	（D_4）地形坡度	>6	3—6	<3
	脆弱度（B_2）	（C_3）生态系统脆弱度	（D_5）土地利用指数	林地、草地、滩涂等	耕地、园地、绿地和公园	城镇住宅用地、农村宅基地、公共设施用地、生态敏感带和蓄滞洪区等
		（C_4）社会经济脆弱度	（D_6）经济压力指数	<2	2~3	>3
			（D_7）粮食压力指数	>450	350~450	<350
			（D_8）人口压力指数	<400	400~600	>600

8.3 评估方法

从生态环境风险的不同角度分析,有不同的风险度表达式,采用联合国于1991年提出的"风险度＝危险度×易损度"这一表达式来分析风险源对受体的风险度大小,易损度即指标体系中的生态脆弱度。在评估过程中,首先利用ArcGIS软件将评估对象区域划分为100m×100m的栅格;然后每个栅格的生态环境风险评估指标按不同方式加以赋值,如生态系统脆弱度指标按土地利用类型进行赋值,社会经济状态指标按行政单元进行赋值,地理要素则根据坡度的不同分别赋以不同的地理要素值,最后根据风险度、危险度、生态脆弱度的评估模型,利用ArcGIS软件的栅格运算功能、分类分区功能得到不同等级生态风险区。此评估方法综合以往区域生态环境风险评估研究者提出的"因果分析"法、"生态等级风险评估"法,利用生态环境风险评估法——"层次生态环境风险评估程序"对复合生态系统区域的生态风险进行层层分析评估,总体思想是首先根据对风险源和受体的认识,初步划定受影响区域,然后结合区域受体易损性(脆弱度)的评估,综合进行风险大小的评估,最后得到区域风险分区。

8.4 评估结果及分析

根据图 8-1 危险度指数的评估指标,利用危险度评估模型在 ArcGIS 上分别获得地面塌陷、地裂缝、地下水超采、洪涝暴雨 4 种风险源的危险度分布图和地形坡度图,然后 4 种风险源分区叠加得到综合风险源危险度图,其中地面塌陷、地裂缝地下水超采易发且危险度高,总权重定为 0.6,洪涝暴雨权重取 0.2,地形坡度权重取 0.2。具体每个风险源的权重值根据 3 种风险源各自的发生概率,通过构造判断矩阵的方法计算而得。叠加分析得到高阳县风险源综合风险度分布图(图 8-4),高阳县由于地质灾害发育程度高,区域超采严重,生态风险主要为地质灾害风险和水资源短缺,因此高危险度指数主要分布于高阳县西南部地区,这与实际情况相符。

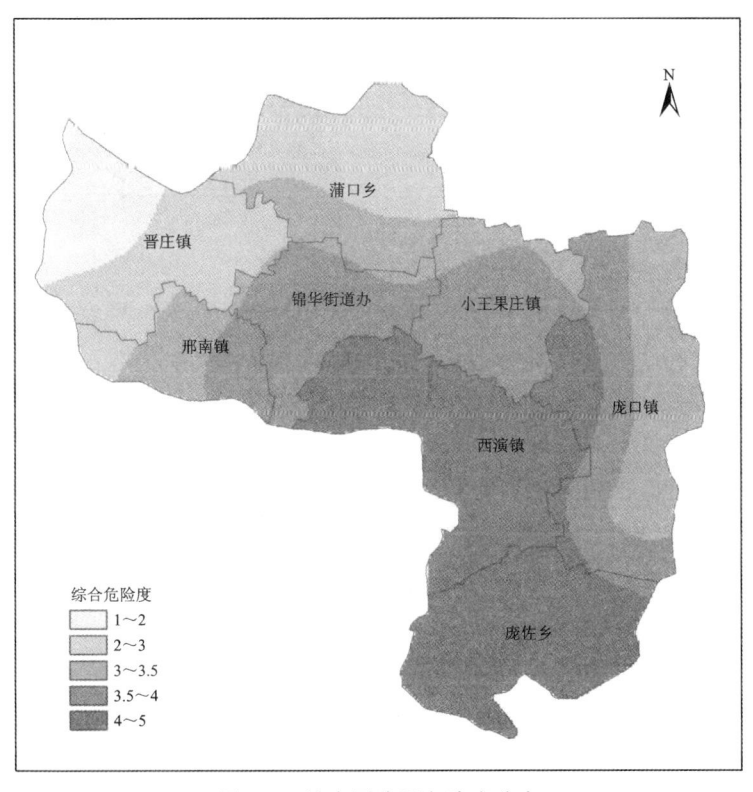

图 8-4　综合风险源危险度分布

根据图 8-1 脆弱度指数的评估指标,利用区域生态脆弱度评估模型和 ArcGIS 软件的栅格运算功能可获得高阳县脆弱度分布图(图 8-5),可以看出,高阳县脆弱度最高的区域是生态敏感带、蓄滞洪区、城镇区域,其次为这些乡镇外围区域。综合生态脆弱度低的区域主要集中在蒲口乡西部、小王果庄镇东部南部沿猪龙河生态敏感带外围区域,以及庞口镇西部和南部,主要生态系统类型为农田、林地、果园、水塘和公园,这主要与该区域人口密度低、受保护程度高、社会经济脆弱度低有关;果园、公园由于生态指数略低、人为投入管理较多而综合生态脆弱度较低。

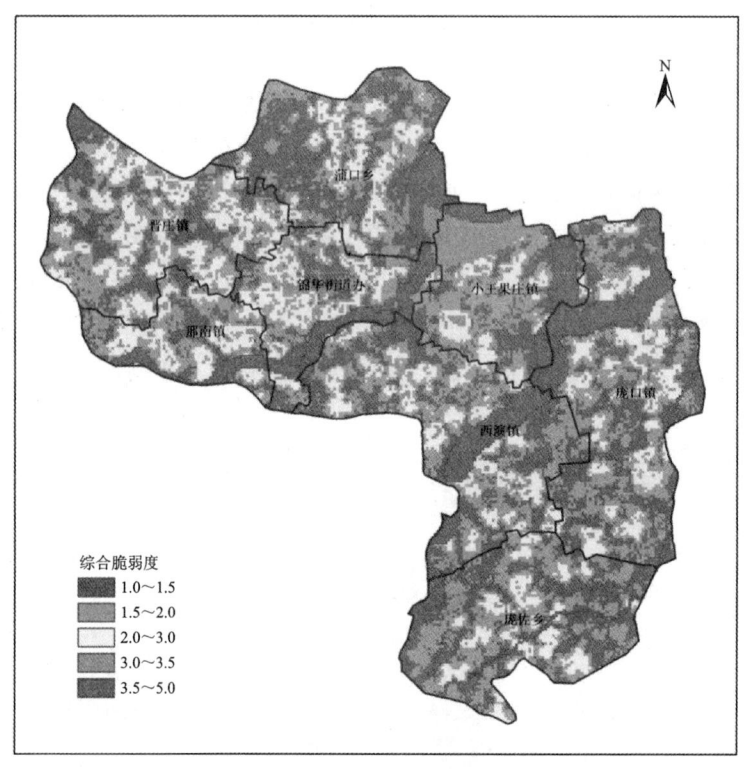

图 8-5 综合脆弱度分布

将上述生态脆弱度的分析结果与风险源危险度的分析结果导入 ArcGIS,运用 ArcGIS 的数据运算功能以"风险度＝危险度×易损度"这一风险大小表征方式进行运算,然后根据风险度指数的不同划分等级,得到高阳县生态环境风险度分布图(图 8-6)。从图中可以看出,高阳县生态环境高风险区主要分布于生态敏感带、蓄滞洪区,高阳县城、西演镇、庞佐乡的城镇及周边区域,总面积 93.74km²,占总评估面积的 21.3%,主要是地质灾害、地下水超采、洪涝等风险源对生态环境造成的危险性较高;而且人口密度大,GDP 指数高,对生态环境脆弱性产生较大的压力,导致生态抵抗力低,敏感性高,综合脆弱度高。生态环境风险低的区域主要分布在晋庄乡和蒲口乡大部分地区,以及小王果庄镇、庞口镇部分区域,总面积 222.49km²,占总评估面积的 50.4%,主要与这些区域生态系统类型为农田、林地、草地、果园、水塘,人为投入管理较多而生态脆弱度较低,且该区域人口密度低、自然和人为风险源影响较低,受保护程度高,社会经济脆弱度低有关。生态环境风险中等的地区主要分布在各城镇高风险区的外围区域,具体分布在高阳县城周边、西演镇和庞佐乡的大部分区域,总面积 123.86km²,占总评估面积的 28.3%。

第8章 生态环境风险评估

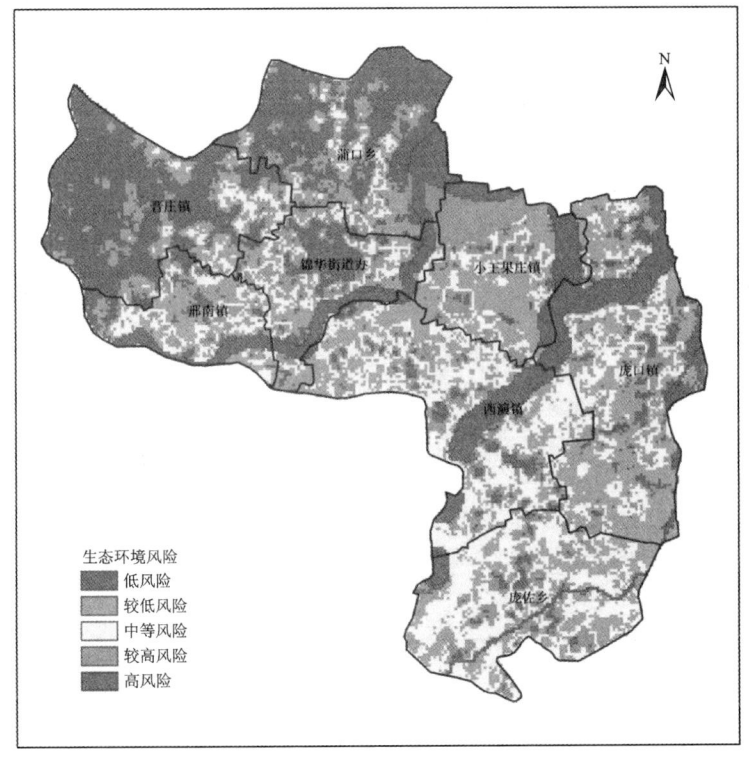

图 8-6 生态环境风险分布

8.5 案例式推理法

8.5.1 属性关联度的计算

每个风险源的权重值根据3种风险源各自的发生概率,通过构造判断矩阵的方法计算而得(表8-2)。

表 8-2 评估因子权重分配

B	W
D_1	0.15
D_2	0.15
D_3	0.10
D_4	0.05
D_5	0.10
D_6	0.15
D_7	0.15
D_8	0.15

以2008—2018年蒲口乡生态风险指数(表8-3)作为参考序列。

表8-3 2008—2018年蒲口乡生态风险指数

年份	2008	2009	2010	2011	2012	2013
生态风险	0.302 3	0.390 4	0.469 8	0.497 9	0.514 7	0.665 2
年份	2014	2015	2016	2017	2018	平均值
生态风险	0.629 3	0.877 7	0.798 2	0.838 7	1.010 6	0.635 9

对蒲口乡生态风险评估因子进行无量纲化处理(表8-4)。

表8-4 生态风险评估因子无量纲化处理

年份	D_1	D_2	D_3	D_4	D_5	D_6	D_7	D_8
2008	0.302 3	0.336 0	0.398 8	0.416 8	0.483 3	0.526 7	0.933 4	0.921 2
2009	0.390 4	0.532 3	0.499 8	0.568 4	0.479 4	0.596 1	0.926 3	0.917 6
2010	0.469 8	0.587 9	0.395 2	0.698 5	0.420 0	0.643 1	0.915 7	0.840 3
2011	0.497 9	0.668 5	0.324 0	0.876 5	0.436 0	0.670 7	0.916 9	0.819 2
2012	0.514 7	0.751 2	0.375 5	0.883 4	0.490 0	0.694 5	0.908 7	0.811 6
2013	0.665 2	0.757 3	0.345 6	0.895 7	0.420 4	0.696 0	0.837 3	0.688 8
2014	0.629 3	0.844 7	0.310 1	0.956 5	0.458 8	0.737 0	0.716 5	0.681 9
2015	0.877 7	0.986 1	0.347 0	0.963 3	0.432 7	0.755 3	0.788 7	0.608 0
2016	0.798 2	1.020 0	0.352 8	0.981 8	0.419 5	0.761 8	0.624 1	0.583 1
2017	0.838 7	1.135 0	0.423 8	1.135 0	0.401 3	0.763 0	0.730 3	0.567 6
2018	1.010 6	1.141 2	0.363 5	1.212 1	0.461 2	0.790 1	0.503 0	0.563 0

对表8-3及表8-4进行可视化处理,其结果见图8-7。

建立灰色关联分析模型,可得各风险评估因子与生态风险的关联度(表8-5)。

表8-5 蒲口乡生态环境风险灰色关联度

	D_1	D_2	D_3	D_4	D_5	D_6	D_7	D_8
关联度	0.701 1	0.583 2	0.701 7	0.839 6	0.804 3	0.562 6	0.561 1	0.758 2
关联序列	5	8	4	1	2	6	7	3

根据以上步骤可得到高阳县其他地区的生态风险灰色关联度(表8-6～表8-12)。

表8-6 晋庄镇生态风险灰色关联度

	D_1	D_2	D_3	D_4	D_5	D_6	D_7	D_8
关联度	0.702 2	0.644 2	0.866 3	0.780 7	0.680 4	0.895 5	0.699 1	0.867 2
关联序列	5	8	3	4	7	1	6	2

第 8 章 生态环境风险评估

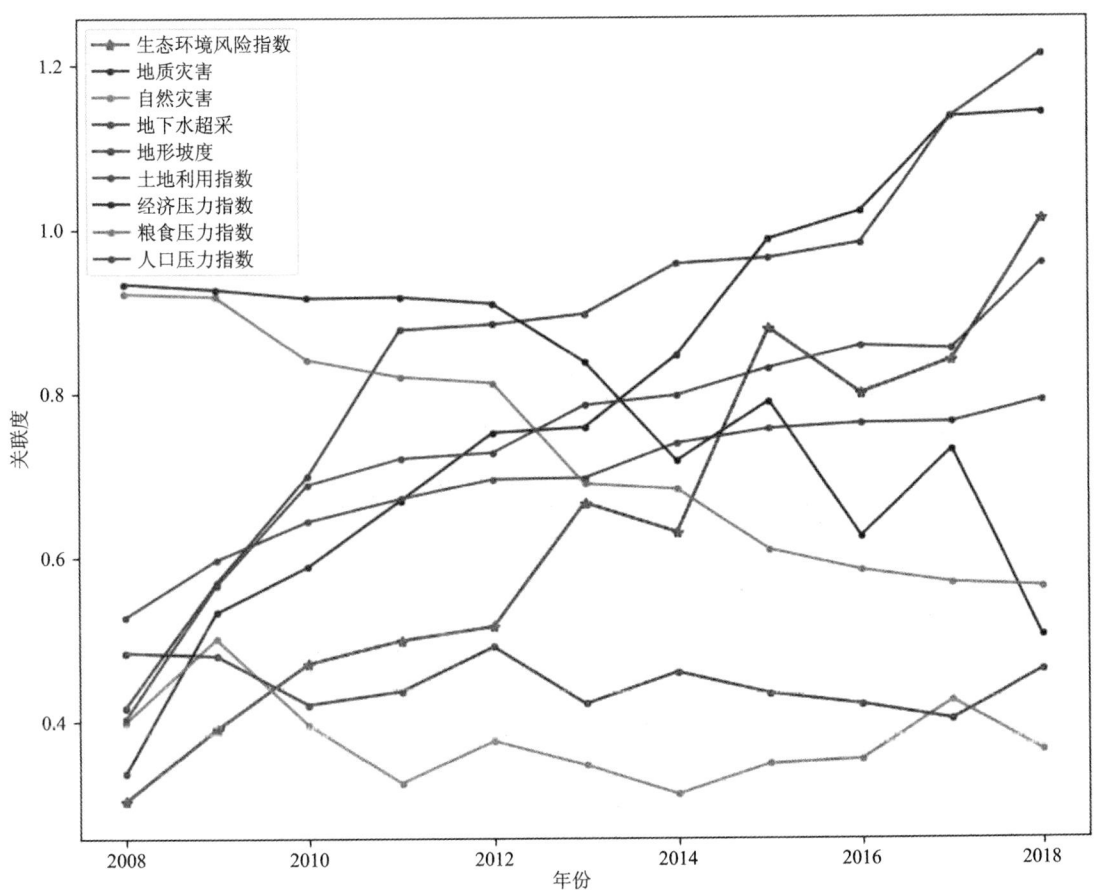

图 8-7 蒲口乡生态环境风险灰色关联分析

表 8-7 小王果庄镇生态风险灰色关联度

	D_1	D_2	D_3	D_4	D_5	D_6	D_7	D_8
关联度	0.702 2	0.544 2	0.866 3	0.712 7	0.880 4	0.668 6	0.594 1	0.823 6
关联序列	5	8	2	4	1	6	7	3

表 8-8 锦华街道办生态环境风险灰色关联度

	D_1	D_2	D_3	D_4	D_5	D_6	D_7	D_8
关联度	0.802 2	0.744 2	0.966 3	0.545 6	0.434 4	0.745 6	0.690 5	0.899 5
关联序列	3	5	1	7	8	4	6	2

表 8-9　邢南镇生态环境风险灰色关联度

	D_1	D_2	D_3	D_4	D_5	D_6	D_7	D_8
关联度	0.768 9	0.644 2	0.886 6	0.544 4	0.434 5	0.744 3	0.695 4	0.863 4
关联序列	3	6	1	7	8	4	5	2

表 8-10　西演镇生态环境风险灰色关联度

	D_1	D_2	D_3	D_4	D_5	D_6	D_7	D_8
关联度	0.942 2	0.744 2	0.904 6	0.564 8	0.802 3	0.876 8	0.766 4	0.965 3
关联序列	2	7	3	8	5	4	6	1

表 8-11　庞口镇生态环境风险灰色关联度

	D_1	D_2	D_3	D_4	D_5	D_6	D_7	D_8
关联度	0.802 2	0.679 7	0.706 3	0.468 9	0.767 6	0.915 5	0.469 1	0.865 6
关联序列	3	6	5	8	4	1	7	2

表 8-12　庞佐乡生态环境风险灰色关联度

	D_1	D_2	D_3	D_4	D_5	D_6	D_7	D_8
关联度	0.931 5	0.777 3	0.899 2	0.802 6	0.700 2	0.946 6	0.779 1	0.909 1
关联序列	2	7	4	5	8	1	6	3

8.5.2　评估结果及分析

通过灰色关联分析法,我们深入了解和评估高阳县生态风险的影响因素,同时对多个指标的关联度进行分析,揭示各个因素对生态环境产生的影响大小。研究发现,地质灾害(图 8-8)、地下水超采(图 8-9)、经济压力指数(图 8-10)和人口压力指数(图 8-11)与生态风险关联度最高,对生态环境的影响最大,如地质灾害会导致山体滑坡、泥石流等自然灾害,加剧生态风险。

首先,地质灾害是影响高阳县生态风险的重要因素之一。根据现有数据统计,自 2008 年以来,高阳县共发生地质灾害事件 140 次,造成了 15 人死亡、数十人受伤,特别是在西演镇和庞佐乡,地质灾害的影响较大,其关联度达到了 0.9 以上。这些地区可能面临山体滑坡、泥石流等自然灾害的风险,这给生态环境的稳定性和可持续发展带来了巨大的威胁。在应对这一问题上,首先,政府应加强地质灾害监测与预警体系的建设,加强地质灾害隐患点的治理,提高居民的自救能力和灾害防范意识,以减少地质灾害对生态环境的影响。其次,地下水超采也是高阳县生态风险所面临的一项严重问题,高阳县地下水开采量逐年攀升,达到每年

2000万 m³。锦华街道办地区的地下水开采情况比较严重,这可能导致地下水位下降、水资源减少和生态系统水分供应不足等问题。在进行灰色关联分析时,发现地下水超采与生态风险之间存在显著的关联。为应对地下水超采问题,政府应制定严格的地下水开采许可制度,限制地下水开采总量,推广节水型生产方式,以及加大水资源补给工程的投资,以保障地下水资源的可持续利用。除此之外,经济发展过程中的大规模工业化和城市化带来了资源消耗增加、质量下降扩散等问题,据统计,2018年高阳县中小企业数量达到2000家,这意味着大量的工业产能和生产废物排放,这与生态环境的质量和稳定性密切相关。同时,人口增长带来住房、交通、能源等方面的社会需求和资源消耗,第七次全国人口普查显示高阳县人口数量达到50万人,人口的不断增长导致城市用地的扩张和资源的进一步消耗。通过灰色关联分析,可以明确经济压力指数与当地的生态环境之间的间接关联。为了应对经济发展和人口增长带来的生态压力,政府应加强环境保护的法律法规制定和执行,鼓励企业实施绿色生产,减少工业排放,推动循环经济发展。同时,应加强城市规划和土地利用管理,合理规划城市扩张方向,保护生态脆弱区域和重要的生态功能区,确保城市发展与生态环境的协调。

综上所述,通过灰色关联分析,我们可以深入了解高阳县生态环境风险的主要影响因素,这些因素涵盖了地质灾害、地下水超采、经济压力和人口压力等。针对这些问题,政府需要采取一系列的措施,包括加强监测预警体系建设、限制资源消耗、推动绿色生产和城市规划等,以实现生态环境的可持续发展和人与自然和谐共生。

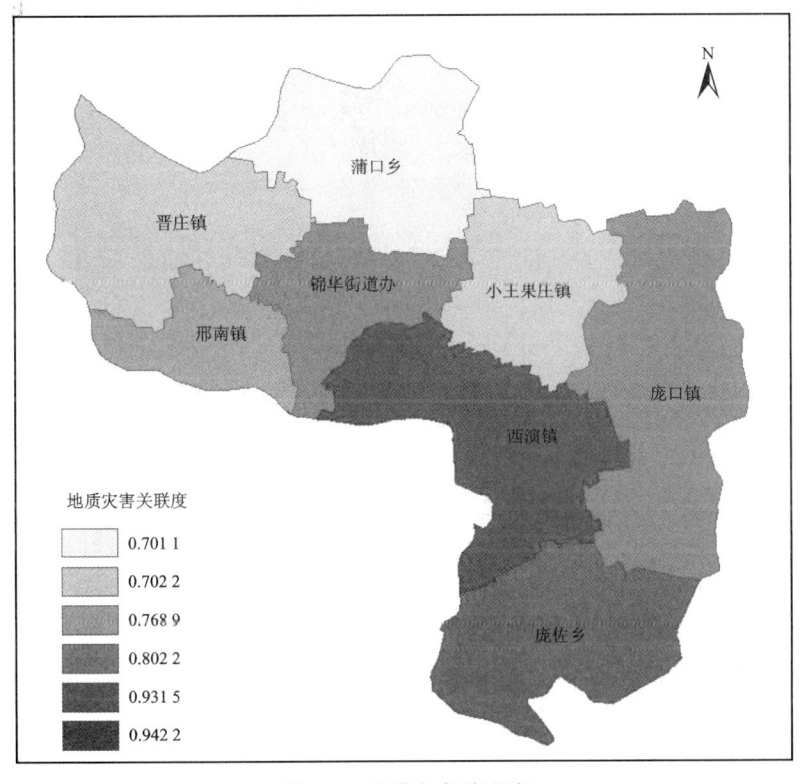

图 8-8 地质灾害关联度

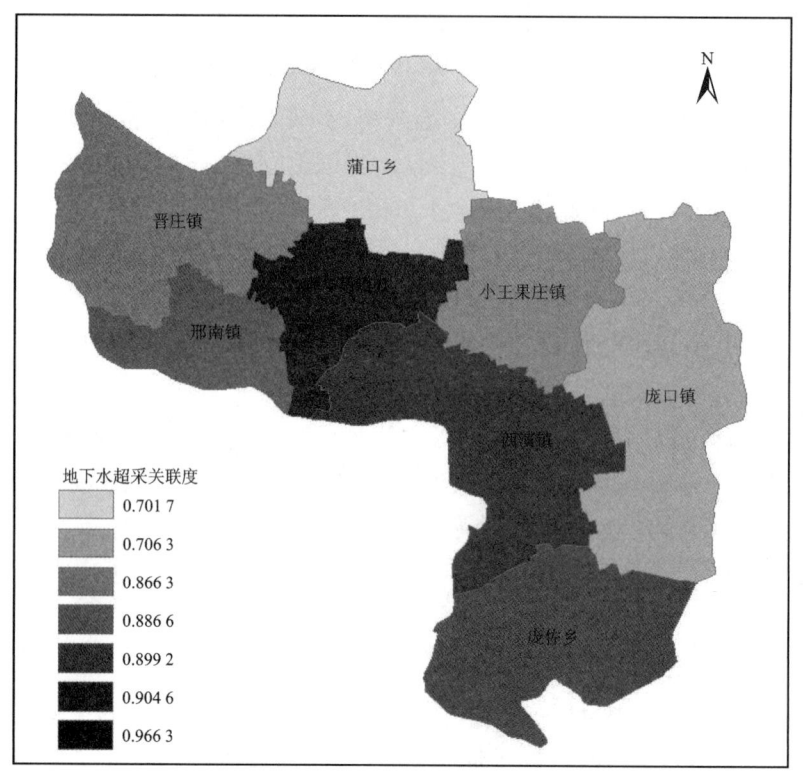

图 8-9　地下水超采关联度

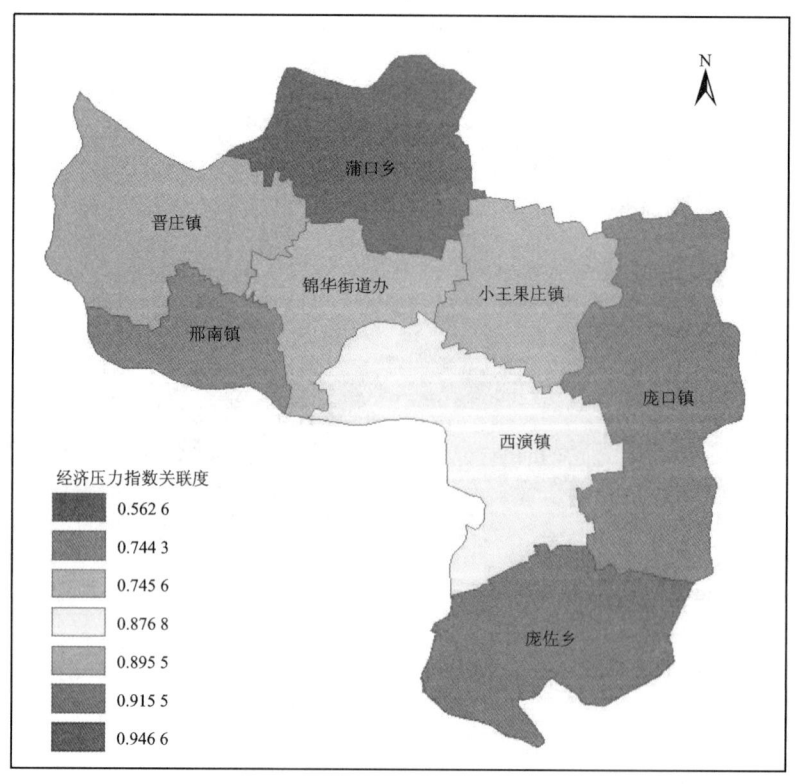

图 8-10　经济压力指数关联度

第8章 生态环境风险评估

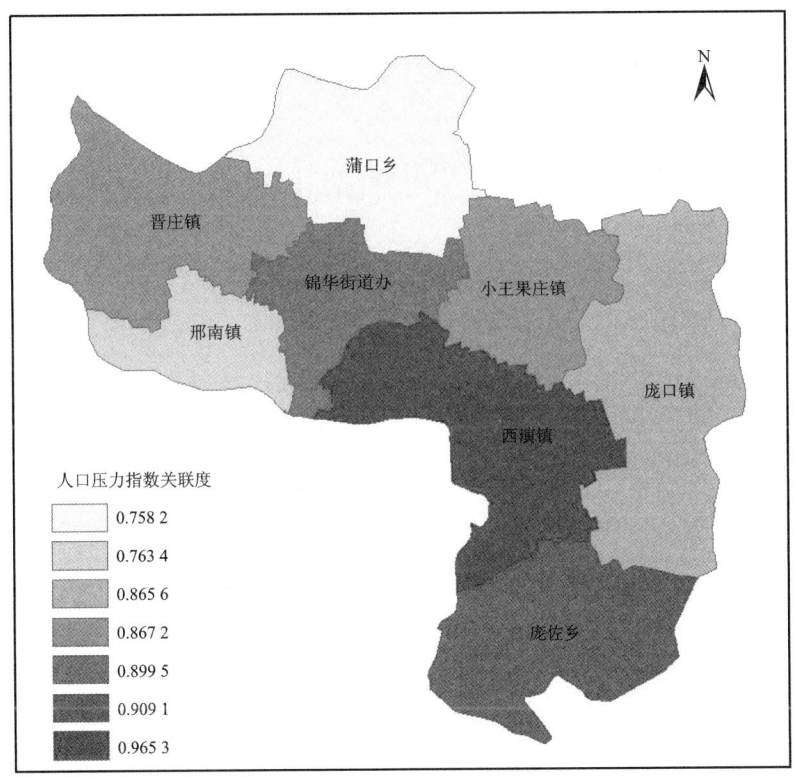

图 8-11 人口压力指数关联度

第 9 章　矿产资源风险评估

矿产资源作为经济社会发展的重要物质基础，在现代社会中发挥着不可替代的作用。勘查开发矿产资源不仅关系着国计民生，还牵涉到经济安全和国家安全。保障矿产资源的供应工作直接关系到建设现代化经济体系、推进高质量发展的可持续性。在这一背景下，进行矿产资源风险评估显得尤为重要。

《中国矿产资源报告（2021）》指出，我国大多数矿产消费持续增长，但国内找矿难度逐渐增大。一些重要矿产如石油、铁、铜等仍然依赖外部供应，而且随着全球资源竞争的加剧，短期内这种局势难以得到根本性的改变。因此，必须正视我国矿产资源的不足，重视对其进行科学的风险评估，以更好地应对未来可能出现的供应风险。在当今百年未有之大变局的大背景下，全球范围内的矿产资源竞争愈发激烈，我国的矿产安全形势变得更为严峻。为了确保国家的发展和安全，我们必须深刻认识到保障矿产资源供应的紧迫性和重要性。不仅需要对传统的石油、天然气、煤炭等资源进行保供工作，还需要关注诸如铁、锰、锌、铜、铝、钾、磷等关键矿产，因为它们在现代产业链中同样不可或缺。根据不同矿产的特点，制定相应的保供策略。对于石油、天然气等资源，应加强勘查工作，确保稳定的国内供应。而对于煤炭、磷矿等资源，需要通过政策的协同配合来保障供应。在铁矿石、铝土矿、钾盐等方面，需要加强技术创新，以提高国内的保供能力。此外，废弃的矿区资源也应得到合理的回收和利用，以减轻原生矿的保供压力。为了应对超过 85% 依赖进口的轻矿、稀土矿等矿产的供应风险，国际矿业合作显得尤为重要。通过与其他国家开展合作，我国可以扩大海外资源供应的渠道，提升海外供应能力，从而在一定程度上减轻国内保供压力，增强国内应对市场风险的能力。

此外，地热资源是一种应用广泛、易于开发、费用低廉、不会导致环境质量下降的新型能源矿产，在我国有着广泛的分布，可应用于供暖、洗浴、游泳、理疗、医疗、养殖、种植等多个领域，近年来，温泉旅游在我国迅速发展，日益成为大众化的旅游新潮流和新亮点。其中高阳县境内地热资源丰富，地热井井口水温达 82℃，被誉为华北地热之冠，并且地热资源储量大、埋藏深、水温高、压力强、水质性状良好。现有地热井 48 眼，主要分布在县城及城郊，其中 45 眼正在使用，使用方向主要为供暖、洗浴。

9.1　地热资源概况

1. 热源

地热水的热源主要来自地壳深部上地幔及古老花岗岩壳放射性元素的衰变。由于地质构造、盖层厚度、地层岩性和水文地质条件的不同,在不同的构造部位,地面的平面展部存在着明显的高低差异。高阳县地温梯度大致为 2.5~4.0℃/100m,表现为地热异常。

2. 热储水文地质条件

高阳县在地质构造上位于冀中台陷III_2^{12}之高阳台凸(IV_2^{41})和饶阳断凹(IV_2^{42})的构造单元。根据地层时代沉积韵律旋回、热储层发育程度、稳定隔水层的分布及其水文地质特征,将高阳县热储层自上而下划分为新近系明化镇组孔隙热储层、馆陶组孔隙热储层和基岩裂隙岩溶热储层。其中馆陶组热储层是全区重要的热储层,全县 95% 的地热井开采层位为馆陶组热储层。

新近系明化镇组孔隙热储层在区内广泛分布,顶板埋深一般为 400~600m,底板埋深一般为 1100~1700m,该热储岩性主要为细中砂岩、粗砂岩、含砾砂岩,成岩性差。明化镇组热储富水性较好,单井涌水量 50~70m³/h,最大可达 100 m³/h,井口水温 42~58℃。

新近系馆陶组孔隙热储层顶板埋深一般 1100~1700m,底板埋深 1700~2000m,热储厚度一般为 106~240m。岩性以砂岩、砂砾岩为主,呈微固结—半固结。热储层数一般为 5~11 层,单层厚度一般为 7~15m,最薄 2.0m,最厚可达 33.3m。砂厚比为 29.2%~51.4%,有效孔隙率 22%~30%。该热储层中部温度为 47.1~74.93℃,热储层富水性较好,涌水量一般为 25~60 m³/h。

中元古界蓟县系雾迷山组裂隙岩溶热储,岩性主要为白云岩、燧石条带白云岩、泥质白云岩等。岩溶裂隙发育,连通性好。高阳地热田蓟县系裂隙岩溶热储层顶板埋深 3000m 左右,热储顶板埋深变化较大,在高阳县城及以西区域,该热储层顶界埋深在 3500m 以内,县城以东区域大于 3500m,西演镇以东(即县域东部县界区域)顶界埋深超过 5000m,热储储厚比为 30%,岩溶裂隙率 3.3%。目前有 3 眼深度 3200~3432m 的地热井流量为 20~60m³/h,井口温度 95~110℃。

9.2 开发利用现状

高阳县作为保定市的一部分,拥有丰富的地热资源,其开发利用始于 20 世纪 80 年代。在华北油田大规模开发的过程中,高阳县的石油勘探井中出现了地热异常和自喷现象,其中热水最高温度可达 110℃。这一发现引起了广泛关注,地热资源逐步得到了开发利用。

目前,高阳县内共有 48 眼地热井,都是生产井。其中,馆陶组地热井有 40 眼,基岩热储地热井有 2 眼,馆陶+明化镇组地热井有 6 眼。这些地热井的井深多在 1500~1900m 之间,基岩热储地热井的井深在 3000~3555m 之间。井口温度的范围为 55~110℃。据统计,高阳县每年的地热开采量约为 498.16 万 m³,主要用于供暖、洗浴和养殖业。供暖面积达到 326.34万 m²。单井的开采量在 40~80m³ 之间,开采水温在 45~85℃ 之间。此外,高阳县目前正在施工回灌井。回灌井的流量在 60~75m³/h 之间,回灌率在 70%~90% 之间,回灌温度在25～34℃之间。回灌是一种常用的地热开发方式,通过将用过的地热水重新注入地下,以保持地热资源的可持续供应。

高阳县地热资源的开发利用在供暖、洗浴和养殖业方面具有显著的意义。地热能源可以作为清洁、可再生的能源替代传统的燃煤供暖方式,减少对化石燃料资源的依赖,降低碳排放。此外,地热水还可以用于洗浴和养殖业,提供温暖的水源,满足人们的生活和生产需求。然而,在地热资源的开发利用过程中,需要考虑合理的管理和可持续发展的问题。对地热井的开采量和温度进行科学调控,避免过度开采和热水温度过高对地下水与地质环境造成影响。同时,加强监测和管理,确保地热资源的可持续利用,并采取适当的环境保护措施,防止地热开发造成生态环境质量下降。

9.3 储量计算与风险评估

9.3.1 地热资源储量计算

1. 参数的确定

1)热储面积

高阳县计算范围内新近系明化镇组热储面积431.76 km²,计算剖分面积432 km²,馆陶组孔隙型热储面积461.84km²,计算剖分面积461 km²,蓟县系雾迷山组热储面积218.72km²,计算剖分面积218km²。

2)热储厚度

新生界热储层厚度为地层厚度乘以砂厚比,基岩热储厚度为计算至4000m以浅的地层厚度乘以储厚比。根据高阳县地热田原有钻孔统计结果确定新生界热储砂厚比,其中明化镇组热储平均厚度331.50m,馆陶组热储平均厚度196.52 m;蓟县雾迷山组-长城热储平均厚度124.11m。

3)热储温度

新近系热储温度根据地温梯度计算,地温梯度为

$$T=\frac{t-t_0}{H-H_0}\times 100 \tag{9-1}$$

式中:t 为井口水温,℃;t_0 为恒温带温度,℃;H 为成井段中部深度,m;H_0 为恒温带深度,m。

基岩热储温度按照新近系计算方法先求得基岩顶面热储温度,再利用基岩地温梯度(取1.5℃/100m)求得基岩顶面至热储中部深度的热储温度,然后二者相加,即为基岩热储中部温度。经计算,明化镇组热储平均中部温度46.06℃,馆陶组热储平均中部温度66.20℃;蓟县雾迷山组-长城热储平均中部温度140.85℃。

4)有效孔隙率

有效孔隙率采用区域统计值,明化镇组23%,馆陶组22%,蓟县雾迷山组3.3%。

5) 岩石和水的密度及比热

岩石和水的密度及比热,引用《地热资源地质勘查规范》(GB/T 11615—2010)数据。其中明化镇组、馆陶组岩石密度 $2600kg/m^3$,岩石比热 $878J/(kg·℃)$;灰岩密度 $2700kg/m^3$,热储比热 $920J/(kg·℃)$;水的比热 $4186.8J/(kg·℃)$,密度根据热储中部温度确定。

2. 计算公式

依据《地热资源地质勘查规范》(GB/T 11615—2010),孔隙、裂隙热储层采用热储法计算地热资源。

1) 地热资源量计算公式

热储中储存的热量:
$$Q=Q_r+Q_w \tag{9-2}$$

岩石中储存的热量:
$$Q_r=Ad\rho_r c_r(1-\varphi)(t_r-t_0) \tag{9-3}$$

热储中储存的水量:
$$Q_L=A\varphi d+ASH \tag{9-4}$$

水中储存的热量:
$$Q_w=Q_L\rho_w c_w(t_r-t_0) \tag{9-5}$$

式中:A 为计算区面积,m^2;d 为热储厚度,m;ρ_r 为热储岩石密度,kg/m^3;c_r 为热储岩石比热,$J/(kg·℃)$;φ 为热储岩石的孔隙度;t_r 为热储温度,℃;t_0 为当地年平均气温,℃;Q_1 为截至计算时刻,热储空隙中热水的静储量,m^3;Q_2 为水位降低到目前取水能力极限深度时热储所释放的水量,m^3;S 为热储的弹性释水系数;H 为计算起始点以上的高度,m;ρ_w 为地热水密度,kg/m^3;c_w 为水的比热,$J/(kg·℃)$。

2) 热储的弹性释水系数计算

热储的弹性释水系数:
$$S=\rho_w g_n[\varphi G_w+(1-\varphi)G_r]h \tag{9-6}$$

式中:G_w 为流体的压缩系数,Pa^{-1};G_r 为热储岩石的压缩系数,Pa^{-1};h 为热储的厚度,m;g_n 为地表重力加速度,m/s^2。

3) 可采地热资源量

可采地热资源量:
$$Q_{wh}=QR_e \tag{9-7}$$

式中:R_e 为回收率,孔隙型热储取 $R_e=25\%$;基岩取 $R_e=15\%$。

3. 计算结果

高阳县地热资源量 $3399.5×10^{16}J$,相当于标准煤 $1.160×10^9 t$;地热流体储存量 $54704.34×10^6 m^3$,地热流体可开采量 $2224.34×10^6 m^3$,可采地热流体可利用资源量为 $30.72×10^{16}J$。按开采 100 年计算,地热流体年可开采量为 $2224.34×10^4 m^3$(表 9-1)。

表 9-1　高阳县地热资源计算成果表

计算区	热储时代	面积/ $10^6 m^2$	地热资源		流体储量/ $10^6 m^3$	地热流体可开采量/ $10^6 m^3$	可采地热流体可利用资源量	
			热资源量/ 10^{16} J	相当于标准煤/ 10^6 t			热资源量/ 10^{16} J	相当于标准煤/ 10^6 t
高阳县	Nm	432	1 257.59	715.17	33 494.89	1 339.80	11.89	6.76
高阳县	Ng	461	1 265.68	719.77	20 305.49	812.22	15.27	8.68
高阳县	Jxw	218	876.23	498.3	903.96	72.32	3.56	2.02
总计			3 399.5	1 159.94	54 704.34	2 224.34	30.72	17.46

注：1t 标准煤相当于热量 $2.930\ 76 \times 10^{10}$ J。

9.3.2　地热资源风险评估

按地热田的温度、热储形态、规模和构造复杂程度，确定高阳县地热资源勘查类型属中低温型，其特征为热储呈层状，分布面积广，岩性、厚度稳定或呈规则变化，构造条件比较复杂。目前高阳县地热资源在开发利用中存在以下风险。

1. 资源枯竭风险

地热水资源开发缺乏科学的规划指导，地热开发以单井独户的方式进行，给地热水资源的布局带来一定的限制，导致资源配置的不合理。开采井集中分布于县城城区及附近，井间距过近、相互干扰，导致水压（水位）下降、水量减少等资源衰减现象出现。

现有的地热井多为单井开采，没有施工回灌井，且砂岩热储回灌难度较大，地热尾水回灌程度低，将会导致地热资源不可恢复性枯竭。

2. 环境质量下降风险

相关文献资料显示，地热资源在开发利用中地热尾水排放会对地质环境产生一定影响，主要为不合理排放后将会促使局部空气和水体的温度升高，改变生态平衡，影响附近生物的生长。同时严重损害污水处理厂的活性污泥，大大降低了活性污泥的处理能力。地热水的矿化度一般比较高，渗入土壤后大量的盐类容易造成土壤板结和盐碱化，影响作物生长。相关数据尚未获取。

由于相关数据难以获取，资料有限，已掌握的地热资源开采量数据可在一定程度上表征资源损耗量和地热资源开采对环境的影响，侧面反映当前资源开发风险，具体数据见图 9-1。地热资源开采模数大于 0.45 的高风险区主要位于县城城区及附近，总面积 332.35 km²，占总评估面积的 75.2%。

第9章 矿产资源风险评估

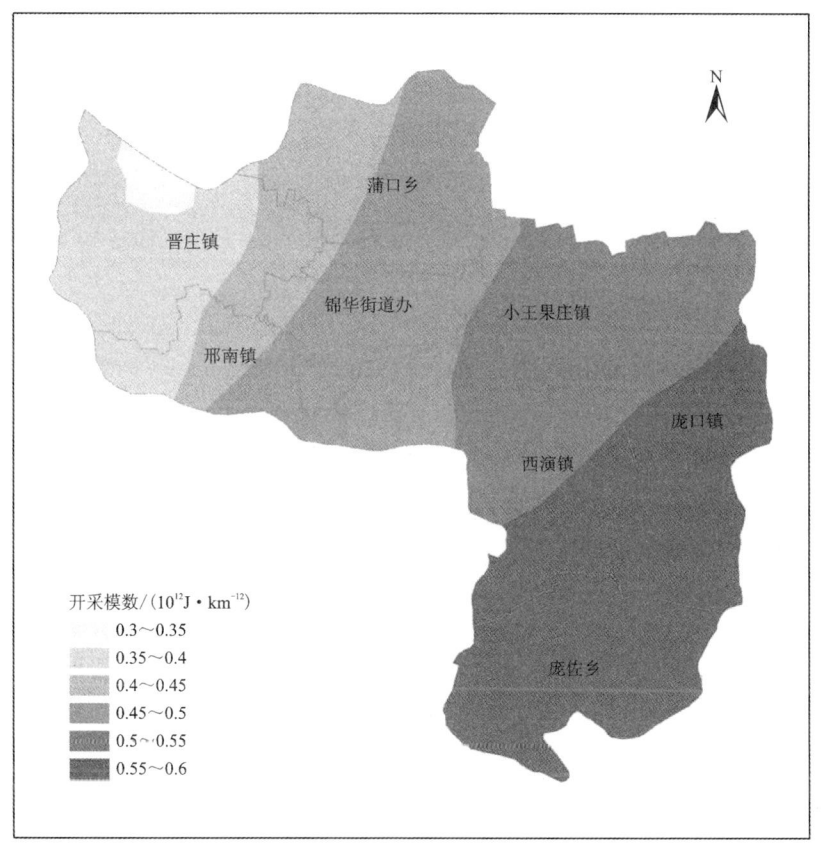

图 9-1 地热资源开采量

第 10 章 综合评估分析

本次工作在现状评估的基础上,结合城镇化发展、人口分布、经济社会发展、科技进步、气候变化等趋势,评估了高阳县在粮食安全、水安全、地质安全、生态保护、资源利用方面潜在的风险。以上述五大风险群评估结果为基础,选取高阳县各乡镇为评估单元,将各风险评估图层数据进行整合,以评估单元内各风险等级的面积比例为权重,对各评估单元风险值进行计算,计算公式如下:

$$R = \sum_{i=1}^{n} W_i A_i \qquad (10\text{-}1)$$

式中:R 为各评估单元风险指数;W 为各评估指标的权重系数;A 为各评估指标的量化值。

计算所得各评估单元风险指数(图 10-1)范围为 1~5,指数越高,风险等级越高,然后对各评估单元进行分级赋值,划分风险等级为高风险(赋值 5)、中等风险(赋值 3)、低风险(赋值 1)3 个等级,将各乡镇计算结果叠加,完成综合风险等级评估。

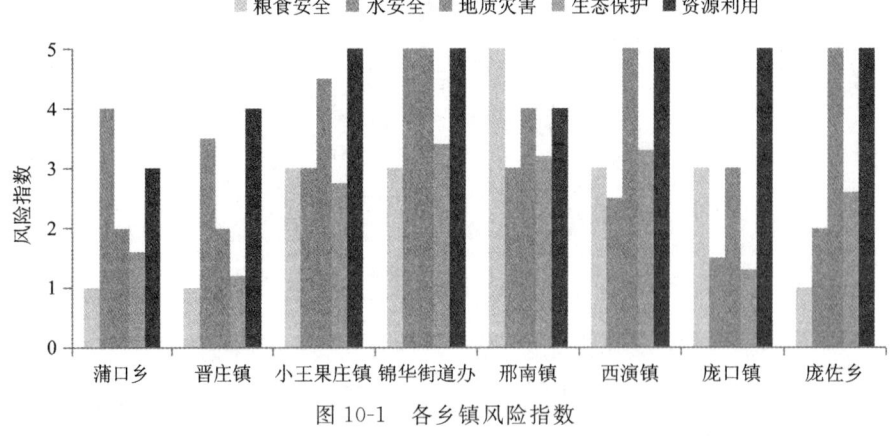

图 10-1 各乡镇风险指数

同时,我们根据灰色关联分析得出对高阳县五大风险群影响最大的风险因子,按照关联度等级划分为四级(表 5-7),其中极高风险为 $0.95 \leqslant S_j < 1$,高风险为 $0.9 \leqslant S_j < 0.95$,中等风险为 $0.8 \leqslant S_j < 0.9$,低风险为 $S_j < 0.8$,据此得到高阳县风险群主要影响因子分布(图 10-2)。

由图 10-3 可知,高阳县域各乡镇中,锦华街道办的水安全、地质灾害和资源风险等级高,其主要受到人口密度、地面沉降和地热开采模数的影响;邢南镇在粮食安全、地质灾害和资源方面存在高风险,其主要影响因子分别为人均粮食、地下水抽取及地热模数;小王果庄镇、西演镇和庞佐乡的资源和地质灾害风险等级高,其主要影响因子分别为地热模数、地面沉降和地

第10章 综合评估分析

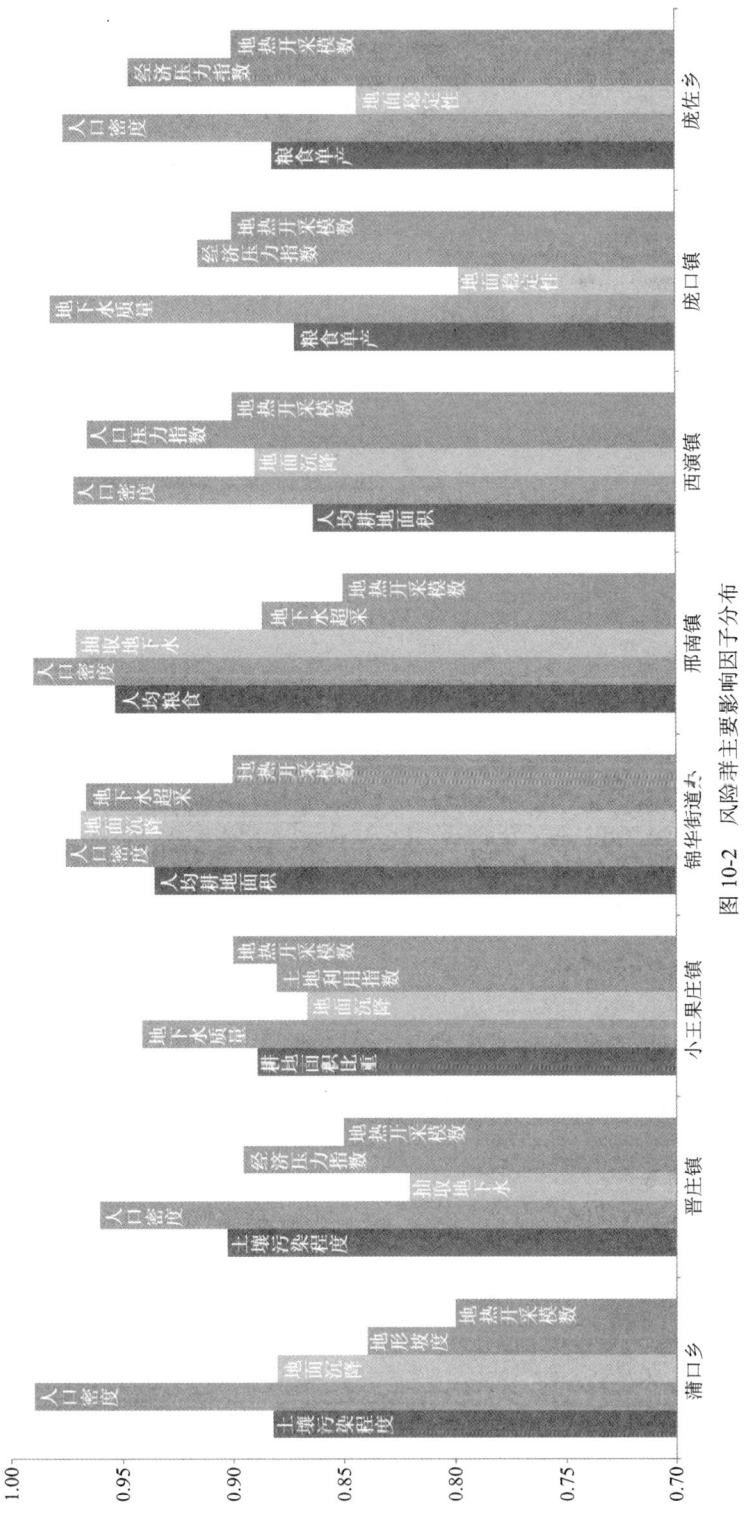

图 10-2 风险源主要影响因子分布

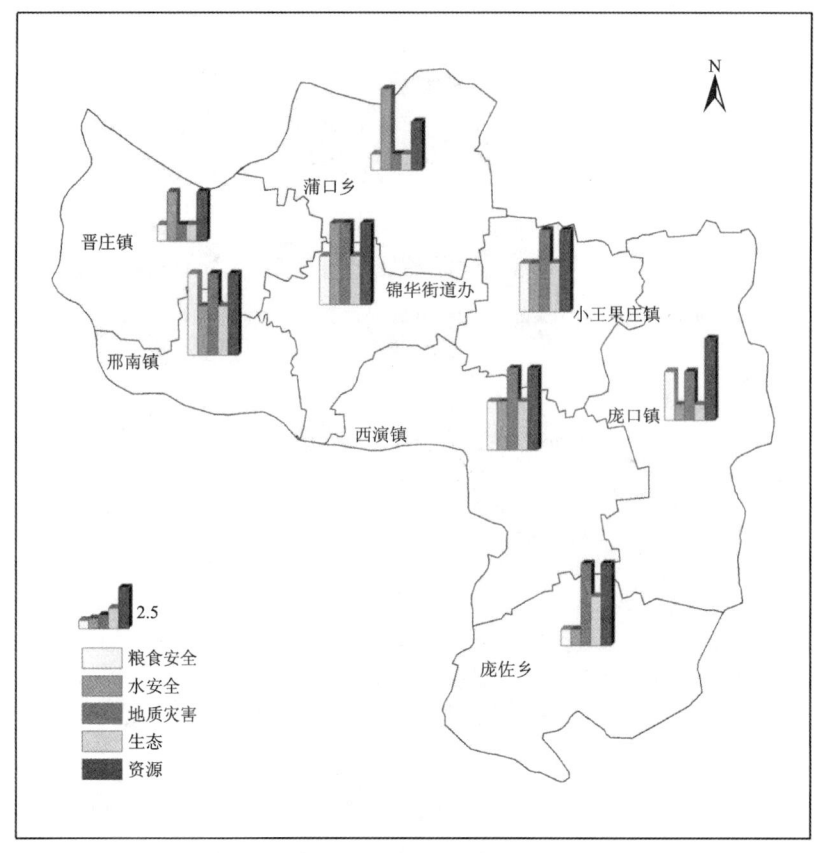

图 10-3　高阳县各乡镇综合风险等级

面稳定性；庞口镇资源风险等级高；蒲口乡的水安全风险等级高，其主要受到人口密度分布的影响。针对上述各乡镇存在的高风险问题，结合第四章到第八章的各风险评估结果，对其原因进行分析评估，结果见表10-1。

表 10-1　各乡镇高风险影响因素

	粮食安全	水安全	地质灾害	生态保护	资源利用
锦华街道办		地下水位变幅大，人口密度大，城镇化率较高，工业企业数量多，水资源利用率低	地面沉降大，人类活动影响大		地热水压下降、水量减少
庞口镇					地热水压下降、水量减少
西演镇			地面沉降、地裂缝、人类活动强度大		地热水压下降、水量减少

续表 10-1

	粮食安全	水安全	地质灾害	生态保护	资源利用
邢南镇	耕地面积少，人均粮食产量低，全镇耕地面积比重低		地面沉降大，人类活动影响大		地热水压下降、水量减少
晋庄镇		地下水降幅大，亩均灌溉用水量大，灌溉水利用系数较低			
蒲口乡					
小王果庄镇			地面沉降速率超过50mm/a		地热水压下降、水量减少
庞佐乡			地裂缝、地面沉降严重		地热水压下降、水量减少

同时，由图 10-3 可知，晋庄镇、蒲口乡和庞佐乡粮食风险等级最低；庞佐乡和庞口镇水安全问题整体态势最佳；晋庄镇和蒲口乡的地质灾害影响程度最低；晋庄镇、蒲口乡和庞口镇的生态环境优势最为明显，结合第四章到第八章的各风险评估结果进行分析，具体评估分析结果见表 10-2。

表 10-2 各乡镇低风险影响因素

	粮食安全	水安全	地质灾害	生态保护	资源利用
锦华街道办					
庞口镇		地下水水位波动正常，质量下降程度低，人口密度低，工业企业数量较少，地下水开采强度低	地质灾害发育程度低，地下水开采强度低；生态系统类型为较复杂，人口密度低，社会经济脆弱度低		
西演镇					
邢南镇					
晋庄镇	耕地面积多，耕地面积比重高，农业承载力较高，人口密度小，人均粮食产量高		地面沉降、地裂缝发育程度低，人类活动性较弱	地质灾害发育程度低，地下水开采强度低；生态系统类型为较复杂，人口密度低，社会经济脆弱度低	

续表 10-2

	粮食安全	水安全	地质灾害	生态保护	资源利用
蒲口乡	耕地面积多,耕地面积比重高,农业承载力较高,人口密度小,人均粮食产量高		地面沉降、地裂缝发育程度低,人类活动性较弱	地质灾害发育程度低,地下水开采强度低;生态系统类型为较复杂,人口密度低,社会经济脆弱度低	
小王果庄镇					
庞佐乡	耕地面积多,耕地面积比重高,农业承载力较高,人口密度小,人均粮食产量高	地下水水位波动正常,质量下降程度低,人口密度低,工业企业数量较少,地下水开采强度低			

本次风险评估结果为高阳县提供了有力的数据支持,有助于更好地了解各乡镇面临的风险情况,从而采取有针对性的措施,以确保国土资源的合理开发和利用。通过对各乡镇的风险情况进行综合分析,可以得出以下几点结论。

(1)不同乡镇的风险状况差异明显。有些乡镇存在较高的水安全风险,而其他乡镇则可能在地质灾害和资源利用方面存在较高风险。这意味着在国土资源开发过程中,高阳县需要采取因地制宜的策略,根据各乡镇的具体情况来制定相应的规划和措施。例如:对于风险较高的区域,可以对该产业进行适当的调整,避免风险进一步加剧;对于风险较低的区域,鼓励其上下游产业的可持续发展,促进区域经济增长。

(2)将风险评估结果与产业结构布局相结合,可以实现资源的优化配置。对于风险较高的乡镇,可以考虑调整其产业结构,减少对风险敏感资源的过度依赖,从而降低潜在的风险;相反,对于风险较低的乡镇,可以进一步发展和利用其优势资源,促进可持续发展。

综合风险评估结果可用于指导高阳县在国土资源开发过程中趋利避害、因势利导,支撑国土空间规划,解决空间冲突及综合布局的协调问题。

主要参考文献

常艳花,张红利,师博,等,2022.中国农业现代化发展水平的动态演进及趋势预测[J].经济问题(5):82-89.

陈颖,2019.综合防灾视角下的城市灾害风险评估研究——以厦门市为例[C]//中国城市规划学会,重庆市人民政府.活力城乡 美好人居——2019中国城市规划年会论文集(01城市安全与防灾规划).南京:南京大学建筑与城市规划学院.

程勇,2019.长治市现代农业发展评价研究[D].太原:山西农业大学.

褚加计,2012.我国主要地质灾害的成因和防治措施[J].河南科技(4):27.

邓飞,于云江,全占军,2011.区域生态风险评价研究进展[J].环境科学与技术,34(S1):141-147.

杜军,赵胜朝,邱士可,等,2021.2000—2015年豫西黄土土丘陵区土地利用变化及景观生态风险评价[J].水土保持研究,28(1):279-284,291.

范小杉,何萍,徐杰,等,2020.我国生态环境预警研究进展[J].环境工程技术学报,10(6):996-1006.

盖丽征,2016.河北省农业现代化评价及对策研究[D].石家庄:河北地质大学.

高荣伟,2018.我国水资源污染现状及对策分析[J].资源与人居环境(11):44-51.

韩磊,2020.矿山地质勘查中水文地质问题分析和水文地质灾害防治[J].中国金属通报,(8):199-200.

侯华丽,周璞,王尧,等,2013.开展国土开发风险评估区划 推进生态文明建设[J].中国国土资源经济,26(8):43-46.

侯艳丽,马俊,2019.我国耕地面积变化的影响因素分析及政策建议[J].安徽农业科学,47(18):60-64.

花冬进,2020.红树林的保护与海洋生态[J].生态经济,36(9):9-12.

黄艳平,马松林,2018.改革开放40年我国耕地面积变动趋势研究[J].粮食科技与经济,43(9):72-74,101.

康紫微,张止男,位宏,等,2020.基于土地利用变化的玛纳斯河流域景观生态风险评价[J].生态学报,40(18):6472-6485.

孔垂锦,苏振宇,郑溪,2021.云南省国土空间保护开发风险评估探索[C]//中国城市规划学会,成都市人民政府.面向高质量发展的空间治理——2021中国城市规划年会论文集(20总体规划).昆明:昆明理工大学云南国土空间规划研究中心;昆明理工大学.

李辉,高维亚,2022.采矿施工过程中扬尘污染治理策略研究[J].山西冶金,45(2):361-363,366.

李杨帆,林静玉,孙翔,2017.城市区域生态风险预警方法及其在景观生态安全格局调控中的应用[J].地理研究,36(3):485-494.

李振兴,李绥,石铁矛,等,2017.城镇化生态风险预警系统设计与关键技术研究[J].安全与环境工程,24(2):113-120.

刘长峰,侯鹰,陈卫平,等,2021.基于生态系统服务的城市化区域生态风险表征方法研究[J].生态学报,41(9):3343-3353.

刘海晓,2021.生态安全下的延吉市国土空间开发适宜性评价体系研究[D].长春:吉林建筑大学.

刘希朝,李效顺,蒋冬梅,2021.基于土地利用变化的黄河流域景观格局及生态风险评估[J].农业工程学报,37(4):265-274.

刘秀伟,李阳春,蔡韵,2022.贵州山区地质灾害成因机理及防治对策探索[J].城市与减灾(2):12-17.

刘宇庆,杨剑婷,杨晓东,等,2020.我国耕地土壤污染现状研究进展[J].农业开发与装备(1):74-75.

刘玉洁,吕硕,陈洁,等,2022.青藏高原农业现代化时空分异及其驱动机制[J].地理学报,77(1):214-227.

刘云菲,李红梅,马宏阳,2021.中国农星农业现代化水平评价研究——基于嫡值法与TOPSIS方法[J].农业经济问题(2):107-116.

彭博,王继龙,同萌,等,2021.人类活动影响下福建三都澳近百年来重金属沉积记录及其对生态环境的影响[J].中国地质,48(6):1759-1769.

任素兰,2021.五台县草原资源现状及生态保护与修复[J].中国畜禽种业,17(5):16-17.

史玉金,2018.上海地区地面沉降新特征及对重大市政设施影响研究[D].上海:上海交通大学.

王翠云,2019.甘肃省14个地州市农业现代化发展水平综合评价[J].粮食科技与经济,44(5):136-140.

王美娥,陈卫平,彭驰,2014.城市生态风险评价研究进展[J].应用生态学报,25(3):911-918.

王小琴,余静,张龙,2014.矿产资源安全问题的综述及其研究框架[J].国土资源科技管理,31(3):25-31.

王尧,杨建锋,孟旭光,2015.广西北部湾经济区国土开发风险评估研究[J].地域研究与开发,34(6):143-148.

魏素豪,刘颖燃,高延雷,等,2019.中国农业现代化评估及其空间格局演化[J].浙江农业学报,31(6):1012-1020.

奚世军,安裕伦,李阳兵,等,2019.基于景观格局的喀斯特山区流域生态风险评估——以贵州省乌江流域为例[J].长江流域资源与环境,28(3):712-721.

谢坚,王谢勇,初莉,等,2012.城市水资源短缺风险评价模型及预测模型研究[J].水电能源科学,30(7):17-20,86.

辛岭,安晓宁,2019.我国农业高质量发展评价体系构建与测度分析[J].经济纵横(5):109-118.

辛岭,郝汉,2022.我国农业现代化发展水平评价方法研究[J].农业现代化研究,43(5):747-758.

许学工,林辉平,付在毅,等,2001.黄河三角洲湿地区域生态风险评价[J].北京大学学报(自然科学版),37(1):111-120.

颜磊,许学工,2010.区域生态风险评价研究进展[J].地域研究与开发,29(1):113-118,129.

杨奇峰,张平宇,李静,等,2022.东北地区农业现代化发展水平测度与时空演变分析[J].地理科学,42(9):1588-1599.

姚一江,1985.山区铁路人类活动引起的滑坡和泥石流灾害[J].铁道建筑(1):15-18.

殷艺睿,2021.基于潜力-约束模型的遵化市国土空间开发适宜性评价[D].北京:中国地质大学(北京).

臧淑英,梁欣,韩冬冰,等,2008.基于3S技术的大庆市生态风险预警与管理对策[J].北京林业大学学报,30(S1):152-156.

曾光建,邢雷雷,王钊,2021.县域国土空间开发适宜性评价和国土开发战略研究——以新蔡县为例[J].资源与产业,23(4):86-93.

翟克礼,2021.矿山开采区发生地质灾害的诱因及治理方案研究[J].中国金属通报(1):233-234.

张晓媛,周启刚,张建军,2013.基于综合模糊评价的三峡库区屏障带重庆段土地利用生态风险评价[J].水土保持研究,20(6):262-266,301.

张肖肖,2019.攀枝花市国土空间开发适宜性评价[D].成都:成都理工大学.

张志新,孟晓,2022.农业现代化发展水平时空特征:分异性与集聚性——基于山东省2010—2019年数据分析[J].中国农业资源与区划,43(11):202-214.

赵晶,杨刚,2021.国土空间规划背景下城市棕地再开发方向评价——以原芜湖钢铁厂为例[J].中国市场(15):54-57.

赵晓剑,赵书梅,葛振华,2017."十二五"期间我国矿产资源开发利用的形势和特点分析[J].国土资源情报(7):17-22.

甄江红,王亚丰,田圆圆,等,2019.城市空间扩展的生态环境效应研究——以内蒙古呼和浩特市为例[J].地理研究,38(5):1080-1091.

AAMODT A,PLAZA E,1994.Case-based reasoning:Foundational issues,methodological variations and system approaches[J].AI Communications,7(1):39-59.

FAN S B,TIAN G,LI G,et al.,2009. Road fugitive dust emission characteristics in Beijing during Olympics Game 2008 in Beijing,China[J]. Atmospheric Environment,43(38):6003-6010.

KRUYT B,VUUREN D P V,VRIES H J M D,et al.,2009. Indicators for energy security[J]. Energy Policy,37(6):2166-2181.

TUNNISSEN N W,LAUTZ L S,VAN SCHAIK T W G,et al.,2020. Ecological risks of imidacloprid to aquatic species in the Netherlands:Measured and estimated concentrations compared to species sensitivity distributions[J]. Chemosphere,254:126604.

YAN X,CHEN L F,YAN L,et al.,2016. Evaluation of major mineral resources' security in China based on PSR mode[J]. China Mining Magazine,25(1):43-49.

YAO L,CHANG Y,2014. Energy security in China:A quantitative analysis and policy implications[J]. Energy Policy,67(4):595-604.